Pete Wilson

Sehnsuchtsstiller statt Seelenkiller

Die Wünsche deines Herzens und die Lügen,
die du glaubst

D1728903

BRUNNEN
Verlag Giessen · Basel

Titel der amerikanischen Originalausgabe:
Empty Promises
Copyright © 2012 Pete Wilson
Originalverlag: Thomas Nelson, Nashville, Tennessee, USA.
Alle Rechte vorbehalten.

Deutsch von Angela Klein-Esselborn
Lektorat: Konstanze von der Pahlen

Bibelzitate folgen in der Regel der Übersetzung *Hoffnung für alle.*
Copyright © 1983, 1996, 2002 by Biblica Inc.™
Verwendet mit freundlicher Genehmigung des Verlags.
Alle weiteren Rechte weltweit vorbehalten.

Alle weiteren Übersetzungen sind wie folgt gekennzeichnet:
L – Lutherbibel in der revidierten Fassung von 1984.
© 1984 Deutsche Bibelgesellschaft, Stuttgart.
NL – Neues Leben. Die Bibel.
© Copyright der deutschen Ausgabe 2002 und 2006 SCM R.Brockhaus im
SCM-Verlag GmbH & Co. KG, Witten.
SL – Die Bibel. Schlachter-Übersetzung. Version 2000.
© 2000 Genfer Bibelgesellschaft, Genf.

© der deutschen Ausgabe: Brunnen Verlag Gießen 2013
www.brunnen-verlag.de
Umschlagfoto: shutterstock
Umschlaggestaltung: Ralf Simon
Satz: Die Feder GmbH, Wetzlar
Druck: GGP Media GmbH, Pößneck
ISBN 978-3-7655-1561-3

Meinen drei Jungs: J-man, Pooh Bear und Boo-Boo,
den tollsten jungen Männern, die ich je kennengelernt habe.
Ich bete, dass euch dieses Buch eines Tages als Wegweiser dient.
Wenn ihr euch von den leeren Versprechen dieser Welt
verleiten lasst – was uns allen hin und wieder passiert –,
hoffe ich, dass ihr euch an Sprüche 24,16 haltet:
„Denn der Aufrichtige mag zwar vom Unglück verfolgt werden,
aber er steht immer wieder auf."
Möge euch immer wieder klar werden, dass Jesus euch
etwas zu bieten hat, das kein Götze euch je bieten könnte.
Er allein kann eure innere Leere füllen.
Und er allein hat die Macht, euch eines Tages dahin zu bringen,
wohin ihr gehört: zu ihm nach Hause.
Ich liebe euch von ganzem Herzen.

Inhalt

Vorwort von Rick Warren 7

Kapitel Eins: Trügerisch gut 9

Kapitel Zwei: Das gute Leben 21

Kapitel Drei: Die Verlockung von Leistung 29

Kapitel Vier: Die Sehnsucht nach Anerkennung 47

Kapitel Fünf: Die Tücken der Macht 65

Kapitel Sechs: Mehr als nur Geld? 87

Kapitel Sieben: Fromme Lügen 103

Kapitel Acht: Die Sehnsucht nach Schönheit 119

Kapitel Neun: Die Jagd nach Träumen 135

Kapitel Zehn: Du bist, was du anbetest 149

Kapitel Elf: Nah an der Wahrheit 163

Kapitel Zwölf: Zufriedenheit der Seele 183

Danksagungen 199

Quellennachweise 201

Vorwort

„Das Leben muss doch noch mehr zu bieten haben!" Haben Sie so etwas auch schon mal gedacht? Oder: „Ich bin ruhelos … leer … nicht ausgefüllt" oder gar: „Mir ist, als würde etwas in meinem Leben fehlen"? Selbst wenn alles gut läuft, spüren wir im Innern oft ein bohrendes Gefühl.

Das ist unser *Hunger* nach Gott.

Mutter Teresa sagte einmal: „In Indien verhungern Menschen physisch, in der westlichen Welt verhungern sie geistlich und emotional." Gott hat uns mit einem geistlichen Hunger ausgestattet, der nur von ihm gestillt werden kann. Wir sind *von Gott* und *für Gott* geschaffen, und solange wir das nicht ganz begreifen, steht der Sinn des Lebens auf dem Spiel. Leider suchen wir oft an allen möglichen falschen Orten nach Erfüllung.

Darum geht es in diesem Buch. Es deckt die falschen Götter unserer Herzen auf. Sie entstehen, wenn wir nicht erwarten, dass Gott unsere tiefsten Bedürfnisse befriedigen kann. Diese falschen Götter mit Namen wie Beliebtheit, Schönheit, Leistung oder Besitz täuschen uns und lassen uns letztlich im Stich. Sie sind, wie sich mein lieber Freund Pete Wilson ausdrückt, leere Versprechen.

Zu oft lassen wir uns von einem „Wenn-dann-Denken" hereinlegen: „Wenn ich heirate … wenn ich viel Geld verdiene … wenn ich ein bestimmtes Ziel oder einen bestimmten Status erreiche …, *dann* bin ich glücklich." Doch wie Salomo sagte: „Nichts kann der Mensch vollkommen in Worte fassen, so sehr er sich auch darum bemüht! Das Auge sieht sich niemals satt, und auch das Ohr hat nie genug gehört" (Prediger 1,8).

Ohne Christus nähern wir uns dem Leben wie nachts dem Kühlschrank: Wir sind unruhig, können nicht schlafen, stehen auf und gucken nach Essbarem. Wir wissen zwar nicht, was wir wollen – aber wir wissen, dass wir Hunger haben. Also öffnen wir die Tür, starren hinein und hoffen, dass uns etwas ins Auge fällt. Dann fangen wir an zu

7

naschen – wir beißen dies an und nehmen ein Stückchen von jenem. Doch nichts schmeckt; nichts befriedigt uns restlos. Wir schließen die Kühlschranktür und legen uns wieder hin, obwohl der Hunger noch immer nagt.

So lässt sich auch das Leben der meisten Menschen beschreiben.

Heute stehen uns doppelt so viele Produkte und Dienstleistungen zur Verfügung wie noch vor zehn Jahren, doch die meisten versprechen, was sie nicht halten können. Denn: Sind die Menschen auch doppelt so glücklich wie vor zehn Jahren? Natürlich nicht. Einmal gestand mir ein Mann: „Selbst wenn ich das bekomme, was ich will, bin ich weiterhin unzufrieden. Es ist einfach nicht das, was ich tatsächlich brauche!"

Dieses Buch gibt Ihnen Wegweisung bei Ihrer Suche nach Zufriedenheit und Sinn. Es verändert Ihr Leben, wenn Sie bereit sind, die Wahrheit mit ihrer ungeheuren Schlagkraft anzunehmen. Pete Wilson hilft Ihnen zu erkennen, wonach Sie wirklich hungern, und die *wahre* Quelle echter Zufriedenheit zu finden.

In Psalm 37,4 heißt es: „Freue dich über den Herrn; er wird dir alles geben, was du dir von Herzen wünschst." Suchen Sie nicht die Glückseligkeit; suchen Sie Gott! Dinge können nicht glücklich machen. Dieses Versprechen löst nur er ein – Jesus Christus, „… denn alle Zusagen Gottes haben sich in ihm erfüllt. Und deshalb sprechen wir im Blick auf Christus und zur Ehre Gottes unser Amen" (2. Korinther 1,20). Ich lade Sie ein, mit auf diese Reise zu kommen!

Rick Warren
Pastor und Bestsellerautor

Kapitel Eins

Trügerisch gut

Ich habe ein unglaubliches Geschenk bekommen.

Eigentlich sind es 13790 Geschenke. So viele Tage zählt mein Leben bisher.

Von diesen über dreizehntausend Tagen waren einige herausfordernd, manche deprimierend, andere abenteuerlich. Manche würde ich am liebsten wieder und wieder durchleben. Den *einen* Lieblingstag meines Lebens kann ich wohl nicht benennen, aber es gab auf jeden Fall schon einige unvergessliche. Da war der Tag, an dem ich geboren wurde. Es war ein guter Tag (hat man mir gesagt). Der Tag, an dem ich laufen lernte, war auch ziemlich gut. Der Tag, an dem ich mich zum ersten Mal verliebt habe – wer vergisst schon so einen Tag? Der Tag, an dem ich meinen Führerschein gemacht habe, war für mich super. (Ich wette, für meine Eltern war er eher beängstigend.) Der Tag meiner Hochzeit war ein ganz großartiger Tag, und die Tage, an denen meine Frau Brandi unsere drei Söhne gebar und ich sie zum ersten Mal im Arm hielt – unvergesslich.

Dann gibt es solche Tage wie neulich, als ich mit meiner Familie Urlaub in Florida machte. Brandi und ich hatten unsere Füße in den Sand gesteckt und unterhielten uns über unsere Zukunftsträume. Mit jedem Wort merkten wir, wie reich beschenkt wir sind. Während wir so erzählten und bei herrlichstem Sonnenschein vor uns hin träumten, sahen wir unseren mittlerweile zehn, sieben und fünf Jahre alten Söhnen zu, wie sie sorglos in den Wellen des Meeres herumsprangen. Ein paar Stunden später saßen wir alle gemeinsam am Strand und beobachteten, wie die goldene Sonne ins Meer versank.

Dieser Tag hat sich für immer in mein Gedächtnis gebrannt, und zwar nicht unbedingt aufgrund dessen, was wir gemacht haben, sondern wie ich mich dabei gefühlt habe. Hier wurden viele meiner tiefsten Wünsche nach Sinn, Wert, Bedeutung, Akzeptanz, Sicherheit, Liebe und Schönheit erfüllt. Ein paar kurze Stunden lang war dieser Tag für mich einfach vollkommen.

Leider hielt dieses Hochgefühl nicht lange an. Denn zwischen all diesen wunderbaren, guten, gesegneten Tagen gab es auch viele, an denen ich zu kämpfen hatte mit einem quälenden oder gar schmerzhaften Verlangen nach mehr, Tage, an denen mir das Wissen, wer ich bin und was ich habe, einfach nicht zu genügen schien.

Kennen Sie dieses Gefühl? Ich glaube, so geht es uns allen hin und wieder. Es gibt einfach Dinge, die auf die meisten Menschen zutreffen:

Wir genießen es, wenn uns der Wind über das Gesicht streicht. Wir drücken dem Außenseiter die Daumen. Wir sind gerne gut in etwas und mögen es gar nicht, wenn man uns sagt, was wir tun sollen. Ehrfürchtig bestaunen wir Naturwunder wie den Grand Canyon, die Niagarafälle oder einen leuchtend roten Baum im Herbst. Wir lieben das Lachen eines kleinen Kindes. Wir finden Chicken Nuggets widerlich, aber dann und wann essen wir welche. (Na ja, das trifft vielleicht nur auf mich zu.)

Darüber hinaus steckt von der ersten Sekunde unseres Daseins an eine tiefe Sehnsucht in uns. Einundzwanzig Tage nach unserer Zeugung stimulierte ein winzig kleiner elektrischer Impuls unseren Herzmuskel. Er war schwach, kaum wahrnehmbar, und doch der erste Schlag unseres Herzens. Seitdem sind wir auf der Reise, um die Sehnsucht unserer Seele zu stillen. Ob es uns bereits aufgefallen ist oder nicht: Unser Leben wird von der Suche nach Erfüllung gestaltet. Wir sind so ausgelegt, dass wir unsere Energie und Blickrichtung auf das lenken, von dem wir glauben, dass es uns geben kann, was wir uns wünschen: Sinn, Wert, Bedeutsamkeit, Annahme, Geborgenheit, Liebe, Schönheit.

Das gilt für jeden von uns. Wir alle sehnen uns nach mehr in unserem Leben. Wir alle bewundern etwas oder jemanden, das oder der unsere normale Alltagserfahrung übersteigt. Wir schenken irgendjemandem oder irgendetwas unsere Hingabe. Das ist in unser menschliches Wesen eingraviert und so natürlich wie das Atmen.

Ich glaube, dass unser Schöpfergott uns diesen Drang ins Herz gelegt hat: Wir sind so gepolt, dass wir Dinge oder Menschen anbeten und verehren. Die Frage lautet also nicht: „Beten wir etwas an?", sondern „Wen (oder was) beten wir an?"

Ich glaube, dass es die Sehnsucht nach mehr, die in uns allen wohnt, gibt, um uns schließlich zu Jesus Christus zu führen. Dieser Drang zum Anbeten wurde angelegt, um uns in eine echte Beziehung zu dem Einen zu treiben, der unsere tiefsten Bedürfnisse befriedigen kann.

Jetzt habe ich meine Karten also schon aufgedeckt: Ich bin überzeugt, dass wir die Zufriedenheit unserer Seele letztlich nur durch Jesus finden. Ja, es mag gute Zeiten oder gelegentlich einen perfekten Tag geben. Doch unsere sehnsuchtsvollen Seelen werden erst dann zufrieden sein, wenn wir uns zu ihm wenden. Und wann immer wir versuchen, woanders Erfüllung zu finden, öffnen wir uns einer Welt der Sinnlosigkeit und Enttäuschung.

Die Götzenwerkstatt

Auf meiner ersten Reise ins indische Kalkutta besuchte ich den sogenannten Kali-Tempel. Tausende Hindus reihen sich jeden Tag in lange Warteschlangen ein, um dort die Göttin Kali anzubeten. Sie verehren sie in der Hoffnung, dass sie ihnen Kraft, Sieg und Heilung für bestimmte Bereiche ihres Lebens schenkt.

Einige hinduistische Praktiken bestürzten mich. Bis vor wenigen Jahren wurden noch Kinder geopfert. Heute werden täglich einhundert bis einhundertfünfzig Ziegen im Kali-Tempel geschlachtet. Ein Teich vor dem Tempel soll heilende Kräfte haben. Die Menschen bezahlen dafür, dass ihre Angehörigen und Freunde in das trübe, stehende Gewässer hinabgelassen werden. An einem Baum hängen rote Bänder. Auf Nachfrage erfuhr ich, dass Frauen diese roten Bänder kaufen, sie an den Baum binden und beten, Kali möge ihnen Kinder schenken.

Beim Weggehen überkam mich ein überwältigendes Gefühl von Traurigkeit und Dunkelheit. Wie können so viele Menschen auf eine so lächerliche Lüge hereinfallen? Wieso erkennen sie nicht, dass ihnen von einer Handvoll gieriger Priester das Geld aus der Tasche gezogen wird? Aber wissen Sie, was ebenso komisch ist? Wenn Sie und ich glauben, dass uns ein bisschen *mehr* Geld glücklich macht. Wenn Sie und ich glauben, dass ein beruflicher Aufstieg uns *mehr* Wert verleiht. Wenn Sie und ich glauben, dass uns nur eine bestimmte Person lieben müsste, damit wir uns geborgen fühlen.

Mit anderen Worten: Falsche Götter sind nicht nur in heidnischen Tempeln zu finden. Ich befürchte nicht ernstlich, dass wir einen Baum verehren. Das eigentliche Problem in unserer Kultur ist nicht das Fabrizieren physikalischer Götzen – was manche als äußerliche Götzenverehrung bezeichnen. Wovor wir uns in unserer Kultur hüten müssen, ist die innere Götzenverehrung. In Hesekiel 14,3 heißt es: Sie „haben ihr Herz an ihre Götzen gehängt".

Was ist ein Götze? Traditionsgemäß definieren wir ihn als alles, das uns wichtiger ist als Gott. Aber ich glaube, wir machen uns leicht vor, dass uns *nichts* wichtiger ist als Gott. Also wollen wir es so definieren: *Ich verehre einen Götzen, wenn ich von etwas, das nicht Gottes Macht hat, etwas erwarte, das nur Gott in seiner Macht und Befugnis mir geben kann;* wenn ich also an sich gute Sachen wie eine erfolgreiche Karriere, Liebe, Besitztümer oder sogar Familie mit der Hoffnung belege, dass sie mir etwas bieten, das nur Gott mir bieten kann; wenn ich dem leeren Versprechen glaube, dass mir diese Dinge die Bedeutsamkeit, Sicherheit, Geborgenheit und Erfüllung schenken können, die ich so sehr begehre; wenn ich einen gottgegebenen Appetit verspüre und ihn mit etwas zu stillen versuche, das nicht Gott ist.

Johannes Calvin sagte einst, „dass der Menschengeist zu allen Zeiten sozusagen eine Werkstatt von Götzenbildern gewesen ist" („perpetua idolorum fabrica").[1] Das sehe ich genauso. Wenn ich mein eigenes Leben betrachte, wird mir klar, wie oft ich mich von Belanglosigkeiten abhängig gemacht habe, um zu bekommen, was nur Gott mir geben kann. Das Ergebnis war nie besonders erbaulich.

Ich will ganz ehrlich sein: Wenn ich manchmal abends im Bett liege, wenn das Licht verlöscht ist und der Lärm des Alltags abebbt, bin ich mir meiner inneren Leere bewusst. Es gibt zwar Augenblicke oder ganze Tage, an denen ich tiefe Zufriedenheit oder besänftigenden Frieden empfinde, doch schwinden diese Gefühle rasch wieder dahin. Ich laufe ihnen beständig nach, doch offensichtlich sind sie so vergänglich wie die untergehende Sonne, und dann ist die nagende innere Leere wieder da.

Hatten Sie das auch schon einmal – dieses unstillbare Verlangen, durch das man versucht ist, alles zu opfern, was man hat oder ist, um etwas schöner, reicher, mächtiger oder erfolgreicher, sicherer oder beliebter zu sein und das Ruder fester in der Hand zu haben? All das in dem Versuch, etwas gegen die innere Leere zu tun? Wie leicht gerät man in die Falle des „wenn doch nur“:

Wenn mir dies oder jenes doch nur gehören würde, würde ich mich wertvoller fühlen. Wenn ich dies doch nur erreichen würde, käme ich mir bedeutender vor. Wenn ich doch nur hätte, was die anderen haben, wäre ich zufriedener. Wenn ich doch nur etwas mehr Geld verdienen würde, hätte ich endlich genug. Wenn ich doch nur befördert würde, würde ich mich wertgeschätzt fühlen. Wenn er oder sie mich doch nur lieben würde, hätte ich endlich Geborgenheit.

Doch früher oder später entdecken wir die herzzerreißende Wahrheit, dass es egal ist, wie schön oder reich oder mächtig wir sind: Es ist nie genug.

C. S. Lewis schreibt:

> *Hätten wir gelernt, richtig in unseren Herzen zu lesen, so wüssten wir von dem Verlangen in uns, das in dieser Welt nie gestillt werden kann. Es gibt vieles auf dieser Erde, das diesem Verlangen gerecht zu werden scheint, aber es bleibt immer ein Rest von Enttäuschung.*[2]

Wir mögen alles opfern für das, was unserem „Verlangen gerecht zu werden scheint“; doch wir werden weiterhin Wünsche und Sehnsüchte in uns tragen, uns leer fühlen. Was wir brauchen, finden wir niemals bei einem falschen Gott.

Leider hindert uns das nicht, es weiter zu versuchen.

Das Wartezimmer des Lebens

Die Heilige Schrift ist voller Beispiele von Menschen, die sich wie wir nach beinahe allem ausstrecken, das ihr tiefes Verlangen nach Wert, Bedeutung, Angenommensein, Liebe und Schönheit stillen könnte. Eines der ersten und besten Beispiele finden wir in 2. Mose 32:

Gott hatte die Israeliten, sein auserwähltes Volk, gerade aus der über vierhundertjährigen Gefangenschaft in Ägypten befreit. Endlich waren sie auf dem Weg zu dem Leben, das Gott für sie bestimmt hatte. Doch da gab es ein Problem: Nicht alles ging so rasch, wie es ihnen gefallen hätte, und sie wurden unruhig. Mose, ihr Anführer, war gerade nicht bei ihnen, also nahmen sie in ihrer Ungeduld die Dinge selbst in die Hand.

Als Mose so lange Zeit nicht vom Berg herabkam [Mose war fast sechs Wochen auf dem Berg Sinai], versammelten sich die Israeliten bei Aaron und forderten ihn auf: „Mach uns eine Götterfigur, die uns den Weg zeigt! Wer weiß, was diesem Mose zugestoßen ist, der uns aus Ägypten herausgeführt hat!"
(2. Mose 32,1)

Was war der Auslöser für das, was nun geschah? Die Israeliten mussten warten. Warten Sie nicht auch sehr ungern? Warten war noch nie ein beliebter Zeitvertreib, erst recht nicht in unserer Kultur. Heutzutage gibt es schnell mal dies und rasch jenes – auf etwas warten zu müssen, ist wahnsinnig frustrierend. Wir glauben mittlerweile, dass schneller auch immer besser ist. Wir sind Sofortaholics geworden, sind abhängig davon zu bekommen, was wir wollen, und zwar genau dann, *wann* wir es wollen.

Warum widerstrebt uns Warten so sehr? Es gibt viele Gründe, aber ich glaube, der bedeutendste ist, dass wir uns beim Warten irgendwie hilflos vorkommen. Lewis Smedes beschreibt es so: „Als Lebewesen, die aus sich heraus nicht zustande bringen, worauf sie hoffen, warten wir im Dunkeln auf eine Flamme, die wir nicht entzünden können. Wir warten furchtsam auf ein Happy End, das wir nicht schreiben können. Wir warten auf ein ‚noch nicht', das sich anfühlt wie ein ‚überhaupt nicht'."[3]

Wie Sie vermutlich wissen, war Mose gerade nicht bei seinem Volk, weil er von Gott die Zehn Gebote erhielt. Offenbar war er viel länger weg, als die Kinder Israels erwartet hatten. In der Wüste waren sie frustriert, verletzlich und hilflos. Daher beschlossen sie während seiner Abwesenheit, sich einen anderen Gott zum Anbeten zu suchen.

Denkt man darüber nach, ist es schon erstaunlich, wie schnell sich der Wunsch nach einem Götzen entwickelte. Nur drei Monate zuvor hatte Gott sie aus vierhundert Jahren Sklaverei befreit. Das hatten sie von Gott bekommen: Freiheit aus Gefangenschaft; Erlösung aus Verfolgung; Nahrung (Manna), als sie hungrig waren; Wasser (aus einem Felsen), als sie durstig waren; Führung durch eine Wolke am Tag; Führung durch eine Feuersäule in der Nacht.

Doch das war ihnen nicht genug. Nichts war ihnen genug, um weiterhin den Gott zu verehren, der all das getan hatte. Stattdessen entschieden sie sich, ein Götzenbild zu errichten, ein goldenes Kalb, und es anzubeten. Warum taten sie das? Ich vermute deshalb, weil Gott sie warten ließ und die Kinder Israels das Warten nicht aushielten. Das ist wichtig, denn offenbar gilt, wenn das Bedürfnis nach Eile auf den Wunsch nach Kontrolle trifft, fällt es leicht, jemanden oder etwas anderes als den Schöpfergott zu verehren.

> *Aaron schlug vor: „Eure Frauen und Kinder sollen ihre goldenen Ohrringe abziehen und zu mir bringen!" Da nahmen alle Israeliten ihre Ohrringe ab und brachten sie Aaron. Er nahm den Schmuck entgegen, schmolz ihn ein und goss daraus ein goldenes Kalb. Anschließend gab er ihm mit dem Meißel die endgültige Form. Als es fertig war, schrien die Israeliten: „Das ist unser Gott, der uns aus Ägypten befreit hat!"*
> *(2. Mose 32,2-4)*

Als Mose mit den Zehn Geboten vom Berg Sinai herabkam und die Bescherung sah, wurde er so wütend, dass er die beiden Tafeln mit der Inschrift Gottes vom Berghang warf.

Sie erinnern sich gewiss noch an das erste Gebot: „Du sollst außer mir

15

keine anderen Götter verehren" (2. Mose 20,3). Das allererste Gesetz im berühmtesten Moralkodex der Weltgeschichte hat mit der Falle der Götzenverehrung zu tun. Gott warnt sein Volk, keine anderen Götter anzubeten, von nichts anderem als von Gott zu erwarten, was nur Gott geben kann.

Woher kommt die Bedeutung dieses Gebots? Ich glaube, weil Gott nicht nur die Kinder Israels gut kannte, sondern auch Sie und mich. Er weiß um unsere innere Leere. Er weiß um den Schmerz, der jeden von uns plagt. Er weiß, dass dieses Sehnen nach Sinn, Wert, Bedeutsamkeit, Ziel, Angenommensein, Sicherheit, Liebe und Schönheit durch unsere Adern pulsiert und wir vor nichts zurückschrecken (einschließlich der Errichtung eines goldenen Kalbs), um diese Sehnsucht zu stillen.

Das weiß er – Sie erinnern sich –, weil er diese Sehnsucht in uns hineingelegt hat, um uns zu sich zu führen. Und er gab uns dieses Gebot, um uns vor dem Kummer der leeren Versprechen zu bewahren.

Das Gebot steht sicher auch deswegen an so herausragender Stelle, weil wir die anderen neun nicht befolgen und einhalten können, wenn wir dieses erste missachten. „Du sollst außer mir keine anderen Götter verehren!" Ihre Reaktion auf diese acht Worte beeinflusst jede andere Facette Ihres Lebens. Götzenverehrung ist nicht einfach eine Sünde. Sie offenbart das, was mit unserem Herzen grundsätzlich nicht stimmt.

Ausgelaugt

Ich habe mir angewöhnt, den Menschen in die Augen zu schauen. Dem Menschen, der mir im Supermarktgang begegnet, dem Menschen an der Tankstellenkasse, dem Menschen, der auf der Straße an mir vorüberrauscht. Wissen Sie, was ich am häufigsten in den Augen sehe? Leben, Freude, Liebe, Vitalität? Nein, am häufigsten sehe ich Erschöpfung.

Sehen Sie sich die Menschen in Ihrem Umfeld an, die Menschen, mit denen Sie leben, arbeiten, befreundet sind. Viele von ihnen sind erschöpft, ausgelaugt, etwas fehlt ihnen. Sie mögen vielleicht aussehen, als wären sie wunschlos glücklich, doch hinter der Maske bröselt es.

In der Gemeinde, die ich seit neun Jahren als Pastor leite, gibt es viele Singles. Ich war nie wirklich ein alleinstehender Erwachsener. Mit neunzehn bin ich mit Brandi zusammengekommen, mit einundzwanzig haben wir geheiratet. Also wurde ich quasi nahtlos vom Teenager zum Ehemann. Aber weil ich viel Zeit mit erwachsenen Singles verbracht habe, weiß ich, dass sie unter wahnsinnigem Druck stehen.

Kürzlich hatte ich den ersten Beratungstermin mit einer jungen Frau, Kara, die sich sehr in der Gemeinde engagiert. Ihr genaues Alter kenne ich nicht, aber ich schätze sie auf Ende zwanzig. Als sie zum ersten Termin kam, fiel mir sofort auf, wie schlecht es ihr ging. Ihr gequälter Gesichtsausdruck sprach Bände.

Kara erzählte, dass ein Typ, mit dem sie die letzten Monate gegangen war, mit ihr Schluss gemacht hatte. Sie war verzweifelt. Unter Tränen sagte sie wieder und wieder: „Ich bin es so leid. Warum finde ich keinen, der sich um mich kümmert? Warum finde ich keine Beziehung wie alle anderen? Warum mache ich immer und immer wieder dieselben Fehler? Ich habe es echt satt."

Bei den nächsten Terminen besprachen wir ausführlicher, warum Kara meinte, unbedingt einen Mann zu brauchen. Sie war nicht einfach nur allein. Einen Freund zu haben verlieh ihr nicht nur Selbstwert, sondern auch einen gewissen Status. Dadurch war sie erst jemand. Das Problem war nur, dass Kara offenbar nicht fand, was sie sich so verzweifelt wünschte. Die letzten beiden Jahre hatte sie nicht weniger als ein Dutzend Kerle gehabt. Keine dieser Beziehungen hatte sich so entwickelt, wie sie es sich gewünscht hatte – trotz all ihrer Bemühungen, genau so zu werden, wie die Männer es sich vorstellten. Sie kleidete sich, um ihnen zu gefallen, richtete ihre Termine nach ihnen aus, ließ ihren Wünschen den Vortritt. Außerdem hatte sie mit fast jedem dieser Männer Sex, wodurch sie sich nur noch mehr ausgenutzt, schuldig und verraten vorkam.

Ich weiß noch, wie ich sie irgendwann ansah und sagte: „Kara, ich glaube nicht, dass Sie dazu bestimmt sind, sich so herzugeben, wie Sie es gerade tun. Sie sind zwar zur Gemeinschaft geschaffen – wie wir alle –, aber das bedeutet nicht, dass Sie Ihren Sinn und Ihren Wert von einem Mann beziehen sollten. Es mag zahllose Gründe für Ihren Eindruck geben, dass Ihr Leben nicht zur wahren Entfaltung kommt; aber haben Sie schon einmal überlegt, dass Ihr wahres Problem die Verehrung eines falschen Gottes sein könnte – dass Sie etwas von einem Mann erwarten, was nur der wahre Gott Ihnen geben kann?"

Kein Wunder, dass Kara so erschöpft war. Denn so ist es mit der Götzenverehrung – sie pumpt einen völlig aus. Falsche Götter sind nicht in der Lage, uns Leben einzuhauchen; alles, was sie können, ist nehmen, nehmen, nehmen.

Genauso ist das bei den Frauen in Indien, die ihr bisschen Geld in der Zuversicht hergeben, schwanger zu werden, nur um sich am Ende ausgeraubt vorzukommen. Auch wir verschenken unser Geld, unsere Zeit, unsere Energie, unser Herz und unsere Hingabe, weil wir hoffen, dass einer unserer falschen Götter unser Verlangen stillt. Wir verlassen uns ganz auf uns selbst und unsere Bemühungen. Kurz gefasst: Wir spielen Gott, und das ist seeehr anstrengend!

Um das Ganze weiter zu verkomplizieren, gehört in unserer Kultur zu den meisten falschen Göttern – den leeren Versprechen – eine Leistung. Die zu erbringen, ist ebenfalls sehr aufreibend. Sind Sie auch oft müde, sich zu bemühen, dass im Haus alles perfekt ist? Dass die Ehe super läuft? So zu tun, als wäre alles im Lot? Unter dem Druck zu stehen, wie aus dem Ei gepellt auszusehen? Perfekte Kinder heranzuziehen, die sich auf schulischer und sozialer Ebene hervortun und auch noch sportlich sind? Mehr Geld zu verdienen als alle anderen in Ihrem Bekanntenkreis? Die Leiter schneller zu erklimmen als der Typ, der Ihnen direkt auf den Fersen ist? Sind Sie all der leeren Versprechen überdrüssig, die Ihre Sehnsucht nur schmerzlich verstärken? Unsere leistungsgesteuerte Lebensweise ist auch eine Form von Götzenverehrung, die uns erschöpft, verbittert und zum Aufgeben drängt.

Doch Jesus hat kraftvolle, heilende Worte für uns:

Kommt alle her zu mir, die ihr euch abmüht und unter eurer Last leidet! Ich werde euch Frieden geben. Nehmt meine Herrschaft an und lebt darin! Lernt von mir! Ich komme nicht mit Gewalt und Überheblichkeit. Bei mir findet ihr, was euerm Leben Sinn und Ruhe gibt. Ich meine es gut mit euch und bürde euch keine unerträgliche Last auf.

Wenn es also eine Alternative gäbe, die Leben schenkt, statt Stress herbeizuführen? Ich weiß, dass Gott Sie nicht aufgegeben hat. Vielmehr wirkt er in Ihrem Leben, auch wenn es oft nicht danach aussieht. Er hat sich durch den Menschen Jesus geoffenbart, der auf die Erde kam, um uns zu zeigen, wie man lebt, und dann für unsere Sünden starb. In seiner Auferstehung schenkte er uns Hoffnung, dass wir die Erfüllung unserer Sehnsucht wirklich erfahren können.

Ohne Unterlass lädt Jesus Menschen ein, ihre falschen Götter abzulegen und ihm zu folgen. Jesus – und Jesus allein – ist unserer ganzen Hingabe wert. Er allein hat die Vollmacht, uns all unsere Sünden zu vergeben. Er allein lässt uns gestärkt zurück statt erschöpft, friedevoll statt ängstlich. Er allein hat die Macht, die gähnende Leere in uns allen zu füllen und Sinn in jeden Tag zu legen, den er uns schenkt.

Kapitel Zwei

Das gute Leben

Lindsey ist eine starke Frau, bei der eigentlich alles glattläuft: Sie hat eine tolle Familie, einen guten Job, und Gott hat ihr jede Menge hilfsbereiter und fürsorglicher Menschen zur Seite gestellt. Sie gehört seit fast einem Jahrzehnt zum Freundeskreis meiner Familie.

An einem ungewöhnlich kalten und windigen Märztag traf ich mich mit Lindsey auf einen Kaffee. Ich hatte sie um das Treffen gebeten, weil ich mir Sorgen um sie machte. Nennen Sie es Pastoreninstinkt oder einfach Bauchgefühl; jedenfalls wusste ich, dass etwas mit ihr nicht stimmte, nachdem ich sie am Sonntag zuvor in der Gemeinde gesehen hatte. Das gehört zu den schönen und gelegentlich auch unangenehmen Wahrheiten, wenn man langjährige Freunde hat: Ihnen fallen Dinge auf, die ein normaler Bekannter nie bemerken würde.

Wir setzten uns in ein Café, und ich begann das Gespräch mit der Standardformulierung: „Du brauchst nicht darüber zu reden, wenn du nicht möchtest, aber ich wollte einfach mal fragen, ob bei dir alles in Ordnung ist." Mehr war gar nicht nötig. Noch bevor ich meinen ersten Schluck Kaffee nehmen konnte, schüttete sie mir ihr Herz aus. Es war fast, als hätten all diese Emotionen unter der Oberfläche gebrodelt und Lindsey hätte nur darauf gewartet, endlich danach gefragt zu werden.

„Ich weiß nicht, was los ist, Pete", begann sie. „Erst dachte ich, es sei eine Depression oder eine Midlife-Crisis – aber ich glaube, ich bin einfach nur unglücklich. In den ersten zwanzig Jahren meines Lebens habe ich von der Erfüllung meiner großen Wünsche geträumt, in den nächsten zwanzig Jahren wurden meine Träume Wirklichkeit: Ich habe die Ehe, die Familie, das Haus und auch den Job, die ich mir immer gewünscht habe. Ich bin gerannt, gerannt und noch mehr gerannt, um meine Ziele zu erreichen. Aber nichts davon konnte die Erwartungen erfüllen, die ich aufgebaut hatte. Auch nachdem ich das alles erreicht habe, habe ich den Eindruck, weiterrennen zu müssen, weil es keine Zufriedenheit gibt. Ich weiß überhaupt nicht mehr, was das alles soll."

Ich wünschte, ich könnte sagen, ich hätte diese Worte zum ersten Mal gehört; aber so ist es nicht. Es vergeht kaum eine Woche, in der mir nicht von solchen Empfindungen berichtet wird.

Anderthalb Stunden lang versuchte ich, Lindsey zu helfen, hinter den Vorhang ihres Lebens zu schauen. Wie so viele von uns war sie ständig in Bewegung, auf der Jagd nach etwas, von dem sie dachte, es könnte ihr endlich Sinn und Zufriedenheit schenken. Jetzt musste sie innehalten, um herauszufinden, *warum* sie den Dingen nachjagte, denen sie nachjagte.

Unter der Oberfläche

Wir haben bereits festgestellt, dass das Herz eine Götzenwerkstatt ist. Die wichtigste Frage ist jetzt: Welcher Götze ist Gottes größter Rivale in unserem Leben?

Vor einigen Jahren war ich in einer ganz ähnlichen Lage wie Lindsey. Wenn ich ganz ehrlich bin, habe ich im Laufe meines Erwachsenenlebens wohl schon mehrmals solche Phasen durchgemacht. Jedenfalls stellte ich damals fest, dass ich mich selbst irreführte: Ich war überzeugt, dass ich aus unterschiedlichen leeren Versprechen Selbstwert ziehen könnte.

Um herauszubekommen, warum ich mich so leer fühlte, achtete ich zunehmend darauf, was sich in meinem Innern abspielte. Dadurch war ich gezwungen, dem ins Gesicht zu schauen, was in den tiefsten Tiefen meiner Seele lauerte. Ich musste mich den drängenden Fragen stellen: Warum sage ich Ja, obwohl ich überfordert bin und denen, die mir am nächsten sind, damit wehtue? Warum habe ich Mühe, meiner Frau meine Liebe zu zeigen? Warum bewegt mich die Anzahl der Gemeindebesucher mehr als die Gegenwart unseres wohlwollenden Gottes? Warum versuche ich, meine Identität in Dingen wie Anerkennung, Macht und Geld zu finden statt in dem, der ich durch Christus bin?

Jede einzelne Frage, die mir in den Sinn kam, offenbarte eine weitere Ebene meines Selbstbetrugs, ein weiteres leeres Versprechen, dem ich nachjagte. Die Bibel spricht ziemlich häufig von Selbstbetrug. In Obadja 1,3 heißt es zum Beispiel: „Durch deinen Stolz hast du dich selbst betrogen." Und Sprüche 14,12 warnt: „Manch einer wähnt sich auf dem richtigen Weg – und läuft geradewegs in den Tod." Jeder Mensch hat die unglaubliche Fähigkeit zum Selbstbetrug. Kein Wunder, dass wir immer und immer wieder auf diese leeren Versprechen hereinfallen.

Als einer meiner Söhne letzten Winter in T-Shirt und Shorts nach draußen gehen wollte, sagte ich: „Jett, du wirst draußen bestimmt frieren. Geh, zieh dir etwas an."

„Papa, so kalt ist es doch gar nicht", erwiderte er.

„Oh doch, mein Junge. Ich war heute Morgen schon draußen, und es ist *eis*kalt."

Unsere Entgegnungen gingen hin und her: „Weißt du noch", fragte ich dann, „wie du einmal Fußball spielen wolltest, aber wieder reingehen musstest, weil dir so elend kalt war? Genauso kalt ist es heute auch."

Trotz meiner eindeutigen Warnungen und seiner jüngsten Erfahrungen entschied Jett sich dafür, mit kaum etwas an vor die Tür zu gehen. Es waren noch keine zehn Minuten um, da hörte ich ihn die Haustür aufstoßen und ins Haus rennen.

„Was ist los?", fragte ich.

Er raste die Treppe hinauf und antwortete: „Ich ziehe mir etwas über. Draußen ist es eiskalt."

Ich musste lachen. Genau so ein Selbstbetrug handelt mir auch immer wieder Ärger mit leeren Versprechen ein. Trotz der Weisheit von Gottes Wort.

Trotz allem, wovor mich meine Freunde warnen.

Trotz meiner schmerzhaften Erfahrungen.

Irgendwie überzeuge ich mich davon, dass ich *dieses* Mal Wert und Sinn darin finde, wenn ich mehr Einfluss habe oder beliebter bin.

Mich kennenlernen

Wenn wir unsere Fähigkeit zum Selbstbetrug kennen, wie können wir dann vermeiden, dass wir regelmäßig in dieselbe Falle tappen? Oft wird auf Psalm 139,23-24 verwiesen, um die Notwendigkeit zur Selbstprüfung zu illustrieren:

> *Durchforsche mich, o Gott, und sieh mir ins Herz,*
> *prüfe meine Gedanken und Gefühle!*
> *Sieh, ob ich in Gefahr bin, dir untreu zu werden,*
> *dann hol mich zurück auf den Weg,*
> *der zum ewigen Leben führt!*

Doch geht man zurück zum Anfang von Psalm 139, entdeckt man etwas Interessantes. Der Psalm beginnt nämlich mit der Erkenntnis, dass Gott uns bereits durchschaut hat:

> *Herr, du durchschaust mich,*
> *du kennst mich durch und durch.*

Ruth Haley Barton sagt, dieser Vers „weist womöglich darauf hin, dass es bei der Selbstprüfung nicht darauf ankommt, dass ich Gott einlade, mich zu durchschauen (weil er das bereits tut), sondern dass ich Gott einlade, *mir zu helfen, mich kennenzulernen*"[1].

Da ich immer mehr Zeit allein mit Gott verbringe und versuche, den leeren Versprechen, denen ich auf den Leim gegangen bin, auf die Spur zu kommen, bete ich jetzt oft: „Hilf mir, Herr, mich kennenzulernen. Hilf mir, das Gerüst aus Macht, Lob, Perfektionismus und Leistung einzureißen, mit dem ich mich selbst aufrichten will. Stärke mich, damit ich es ertrage, in deiner Gegenwart nackt und verletzlich zu sein, und bereit bin, die Lebensbereiche zu erkennen, wo ich Christus noch nicht ähnlich bin." – „Bereit zu erkennen", das ist entscheidend. Denn die meisten von uns sind Experten darin, sich davor zu verbergen, was wir über unser eigenes Leben nicht wissen wollen.

Als Gage, mein mittlerer Sohn, noch ein Kleinkind war, spielte er gern Verstecken. Er versteckte sich, und ich musste ihn suchen. Nachdem ich mein Gesicht mit den Händen bedeckt und bis zwanzig gezählt hatte, durchkämmte ich das Haus und kündigte jeden meiner Schritte und jede Stelle, an der ich suchte, laut an. Wenn ich ihn in seinem Versteck hinter der Couch oder unter dem Tisch entdeckt hatte, kniff er rasch die Augen zu; er war überzeugt, dass ich ihn nicht sehen könne, wenn *er mich* nicht sehen konnte.

Oft spielen wir mit Gott ein ähnliches Spiel. Wir verbergen uns hinter allem möglichen Lärm und Zerstreuung. Wir stehen morgens auf, schalten den Fernseher ein und hoffen, das würde uns vom Nachdenken abhalten. Wir steigen ins Auto, drehen unverzüglich das Radio an oder telefonieren. Unser Tag füllt sich mit oberflächlichen, sinnlosen Gesprächen über das Wetter, Politik oder den neuesten Promiklatsch.

Wir machen uns tatsächlich vor: Wenn *wir* die Augen vor den Lebensbereichen verschließen, in denen wir uns auf leere Versprechen eingelassen haben, entdeckt Gott sie womöglich auch nicht. Wir sollten unbedingt die Augen öffnen, denn wir können sowieso niemanden austricksen. Selbsterkenntnis kann schmerzlich sein, aber auch der Beginn einer Veränderung.

Was würden Sie auf die Frage antworten, was Ihnen am wichtigsten ist? Einige Menschen, die ich kenne, würden ohne zu zögern sagen: „Meine Beziehung zu Jesus." Sie würden darauf beharren, dass Gott die Mitte ihres Lebens ist. Behutsame Selbstprüfung könnte jedoch etwas ganz anderes ergeben.

Möchten Sie einige der verborgenen Götzen Ihres Lebens entdecken? Diese Fragen könnten Ihnen dabei helfen: Was beherrscht meine Seele und mein Denken? Welchen Tagträumen hänge ich nach? Auf wen oder was bin ich manchmal eifersüchtig? Womit verbringe ich die meiste Zeit? Wohin fließt der Großteil meines Geldes?

Genau wie ich werden Sie rasch erkennen, wie bereitwillig unser Herz von Jesus wegwandert – hin zu anderen Menschen oder Dingen, von denen wir denken, dass sie uns das geben, was nur er uns geben kann.

Was ist das gute Leben?

Ich werde nie einen bestimmten Tag im Sommer zwischen meinem zweiten und dritten Jahr am College vergessen. Er begann wie jeder normale Tag. Brandi und ich waren seit gut einem Jahr ein Paar und passten auf ihre kleinen Cousinen auf, die gerade in der Stadt waren. Seit Tagen kursierte die Nachricht, dass der legendäre Football- und Filmstar O. J. Simpson verdächtigt wurde, seine Exfrau umgebracht zu haben. Dann geschah das Ereignis, das die Aufmerksamkeit der Nation fesselte: O. J. versuchte, in dem berühmt-berüchtigten weißen Ford Bronco vor der Polizei zu fliehen. Die Verfolgungsjagd quer durch Beverly Hills wurde live von einem US-amerikanischen Fernsehsender übertragen. Schockiert verfolgten Brandi und ich das Geschehen. Ich weiß noch, dass ich den Kopf geschüttelt und gedacht habe: Das gibt's doch nicht! Wie kann der Kerl bloß so dumm sein? Er hat Geld, Ruhm und so ziemlich alles, was sich ein Mensch wünschen kann. Wie ist er nur in diesen Abwärtsstrudel geraten?

Und es gab ja nicht nur O. J. Wie die meisten Leute, werde ich niemals vergessen, wo ich war und was ich getan habe, als die Nachricht von Prinzessin Dianas tödlichem Verkehrsunfall kam, von John F. Kennedy Jr.s Flugzeugabsturz und Michael Jacksons Überdosis oder als die Ehen von Tiger Woods und Arnold Schwarzenegger öffentlich aufgedröselt wurden. Jedes dieser Ereignisse ließ mich gebannt auf den Fernseher starren. Und damit war ich nicht allein. Die ganze Welt war, wie es schien, fasziniert.

Vermutlich gibt es eine Vielzahl psychologischer Gründe, warum uns solche Geschehnisse fesseln, aber ein Grund ist sicherlich der, dass diese Leute doch alles zu haben scheinen: Geld, Leistung, Besitz, Ruhm, Macht. Wie konnten *ihnen* dann solche schrecklichen Dinge passieren? Wenn wir an ihrer Stelle wären, würden wir nicht so einen Mist bauen, oder?

In Wahrheit wird kein Geld, kein Talent, keine Attraktivität und keine Beliebtheit der Welt irgendjemanden vor der Dummheit der Sünde bewahren. Und nichts von alldem sättigt den brennenden Wunsch nach mehr, der Menschen dazu treibt, auf falsche Versprechen hereinzufallen.

Für Dallas Willard ist eine der fundamentalen Fragen der Menschheit: „Wer hat ‚das gute Leben'?"[2] Ich glaube, unsere endlose und wachsende Beschäftigung mit den Prominenten hat vor allem mit dieser Frage zu tun. Warum interessiert mich so sehr, was Tiger Woods nicht nur auf dem Golfplatz macht, sondern auch privat? Warum schnappe ich mir eine Zeitschrift wie die *Bunte* oder schaue eine Boulevardsendung, um den neuesten Klatsch mitzubekommen? Ich glaube, solche Informationen ziehen mich an, weil ein Teil von mir denkt, dass diese Menschen das Leben genießen, das ich mir immer gewünscht habe. Das Leben, das ein Teil von mir für ein gutes Leben hält.

Wurde ich mit dem Wunsch nach solch einem Lebensstil geboren? Natürlich nicht. Meine Träume, zu leben wie die Reichen und Schönen, haben sich erst im Laufe der Zeit entwickelt und wurden von unserer Kultur geprägt. Tolle Autos, große Häuser, wohlgeformte Körper, grenzenloser Ruhm, vollkommene Unabhängigkeit und eine riesige Fangemeinde machen laut Medien und Werbung ein gutes Leben aus. Und obwohl ich es eigentlich besser weiß, finde ich es noch immer schwierig, dieser Botschaft zu entkommen, mit der ich täglich bombardiert werde.

Das trifft bestimmt auf viele von uns zu. Irgendwie sind wir davon überzeugt, dass die Promis es gut haben. Fasziniert verfolgen wir ihr Leben, das wir auch gerne führen würden.

Auf gewisse Art sind die Berühmtheiten unsere neuen Götter. Wir malen uns gerne aus, den einen oder anderen persönlich kennenzulernen und auch solch ein VIP-Leben zu führen, also schön, begehrenswert, talentiert und stinkreich zu sein. Während wir in der Spannung leben zwischen dem Wunsch nach solchen Dingen und dem Wunsch, gute Menschen zu sein, streben wir ein Leben an, das wir für begehrenswert halten. Das Problem ist: Wenn wir es tatsächlich so weit bringen und das sogenannte gute Leben erlangen, werden wir – genau wie viele Prominente – erkennen, dass das alles nur leere Versprechen waren, die bestenfalls Wünsche nach mehr wecken.

Die Ameisenfalle

Während ich hier sitze und schreibe, beobachte ich eine Ameisenkolonne, die unter meinem Schreibtisch entlangmarschiert. Seit ein paar Tagen bevölkern diese nervtötenden Wesen unser Haus. Ich weiß nicht, warum, aber Ameisen machen mich ganz verrückt. Als Brandi die Viecher bemerkte, schlug sie vor, einen Kammerjäger zu bestellen. Das klang gut, bis mir aufging, wie viel das kosten würde. Auf wahrhaft männliche Art versprach ich ihr also, eine Lösung zu finden.

Bei einem Besuch im hiesigen Baumarkt rüstete ich mich mit einem erstaunlichen Mittel aus. Die Anleitung kam mir einfach vor. Ich brauchte bloß etwas Gel auf ein kleines Stück Pappe zu schmieren und es dorthin zu legen, wo ich die Ameisen gesehen hatte. Das Gel enthält etwas, das Ameisen anzieht; sie verzehren es und nehmen es mit in ihren Bau, um es ihren Freunden anzubieten. Das Gel schmeckt den Ameisen zwar, vergiftet sie aber.

Im Augenblick beobachte ich Hunderte Ameisen, die in einer langen Reihe über meinen Fußboden krabbeln. Die kleinen Kerlchen klettern übereinander, um an dieses köstliche, giftige Zeug zu kommen. Sie haben keine Ahnung, dass ihre Jagd auch ihr Untergang ist.

Was für eine verblüffende Parallele zur Lebensweise von uns Menschen. Wir stellen uns zu Tausenden in Warteschlangen, um zu bekommen, was nach unserer Überzeugung das gute Leben ist. Doch obwohl es gut aussieht, sich gut anfühlt oder gut schmeckt, ist es Gift für unsere Seele.

Welche Alternative gibt es? Eine Möglichkeit ist vielleicht, uns von unseren Wünschen zu befreien. Das ist ein Grundprinzip des Buddhismus – einen Punkt zu erreichen versuchen, an dem man einfach nichts mehr erstrebt. Ich glaube zwar, dass unsere Wünsche uns krank machen können und die Erfüllung unserer Ziele schlecht für uns sein kann, doch der Gedanke, unsere Wünsche auszulöschen, ist für mich problematisch.

Warum? Zuallererst, weil ich es für unmöglich halte. Viele dieser Wünsche sind fest in uns verankert; ich könnte sie nicht loswerden, selbst wenn ich es wollte. Wichtiger jedoch ist zu wissen, dass unsere

Sehnsüchte aus einem bestimmten Grund in uns sind: um uns zu Christus zu führen, dem Einzigen, der sie auch wirklich erfüllen kann.

Auch C. S. Lewis schreibt:

> *Wenn wir die unverschämten weltlichen Lohnversprechen mit dem atemberaubenden Lohn betrachten, den uns das Evangelium verspricht, könnte man meinen, unser Herr findet unsere Wünsche nicht zu stark, sondern zu schwach. Wir sind halbherzige Wesen und narren uns mit Alkohol und Sex und Ehrgeiz, während uns grenzenlose Freude angeboten wird. Wie ein unwissendes Kind, das weiterhin lieber Sandkuchen im Schlamm backt, weil es sich Ferien am Meer nicht vorstellen kann, lassen wir uns viel zu leicht zufrieden stellen.*[3]

Oftmals ist doch das, was wir für das gute Leben halten, ganz und gar nicht das gute Leben. Es ist bloß Schall und Rauch. Es ist eine Illusion, eine ausgeklügelte Falle. Es ist ein Haufen leerer Versprechen. Doch das bedeutet nicht, dass es das gute Leben nicht gibt. Es ist ein Leben, das weit herrlicher und befriedigender ist als alles, was wir uns vorstellen können, und das „Gott für die bereit[hält], die ihn lieben" (1. Korinther 2,9). Dafür müssen wir uns öffnen, tief in unserem Innern nachforschen, was wir wirklich wollen, und an den leeren Versprechen vorbei auf den blicken, der unsere tiefsten Sehnsüchte erfüllen kann.

Ich bete, dass dieses Buch Sie dazu einlädt, tiefer in Ihr Herz hineinzuhorchen. Ich bete, dass Sie genau das tun, wozu ich meine Freundin Lindsey damals im Café eingeladen habe: achtsam mit ihrem Leben umzugehen, die dicken Schichten des Selbstbetrugs abzutragen und die Wahrheit darunter aufzudecken. Dazu möchte ich auch Sie ermuntern: Seien Sie aufmerksam für das, was Sie sagen, was Sie tun, was Sie denken, wie Sie sich verhalten, wovon Sie ausgehen, welche Motive Sie haben. Sonst verbringen Sie nämlich Ihr Leben damit, Ihre Identität und Ihren Wert in den leeren Versprechen von Attraktivität, Anerkennung, Wohlstand und Macht zu suchen, die Sie bloß leer und sehnsüchtig zurücklassen.

Kapitel Drei

Die Verlockung von Leistung

Vor etwa sechs Monaten hatte ich ein aufrüttelndes Erlebnis. Ich saß an meinem heimischen Schreibtisch, hatte den Kopf auf die Hände gestützt und weinte hemmungslos. Ich hatte gerade einen Schwall E-Mails beantwortet, die wieder einmal in meinem Posteingang gelandet waren. Beim Blick in den Outlook-Kalender auf die nächsten drei Wochen hatte ich starke Schmerzen in der Brust bekommen. Mein hektisches Berufsleben hatte mich eingeholt: Predigtvorbereitungen, Bloggen, Bücherschreiben, Reisen, Leitungsangelegenheiten, Seelsorge. Die Fülle meiner Aufgaben erdrückte mich fast. Noch nie hatte ich eine Panikattacke erlebt, doch jetzt schnürte es mir die Kehle zu, was mich zu Tode ängstigte.

Da saß ich nun an einem Samstagmorgen und betete, dass meine Familie nicht aufwachte, herunterkam und mich so sah. Ich gestand Gott, dass ich nicht mehr so weitermachen wollte. Es konnte nicht mehr lange gut gehen. Ohne es zu merken, war ich von einer gefährlichen Droge in meinem Leben abhängig geworden: Leistung.

Demselben Dilemma begegnete ich auch in einem Brief, den ich unmittelbar nach meinem Zusammenbruch las. Ein berühmter, angesehener Pastor bekannte seiner Kirchengemeinde:

> *In meinem Herzen habe ich mehrere Arten von Stolz entdeckt, die zwar nicht so stark sind, dass sie mich für den Predigtdienst disqualifizieren; doch sie betrüben mich und forderten ihren Tribut in der Beziehung zu meiner Frau Liz und anderen, die mir nahestehen. Wie kann ich mich entschuldigen – nicht für eine spezielle Tat, sondern für Charakterschwächen und ihre Auswirkungen auf alle? Es*

tut mir unendlich leid. Da ich nicht auf eine einzelne Tat verweisen kann, bitte ich einfach um einen Geist der Vergebung; und ich versichere, dass ich mit meinen eigenen Sünden keinen Frieden schließe, sondern ihnen den Krieg erkläre. Liz und ich stehen felsenfest zueinander; auf beiden Seiten gibt es nicht den leisesten Hauch von Untreue. Doch wie ich bereits den Ältesten sagte, ist „felsenfest" hier keine emotional befriedigende Metapher: Ein Fels ist nicht das beste Sinnbild für den zärtlichen Begleiter einer Frau. Mit anderen Worten: Ich muss mich um den kostbaren Garten meines Zuhauses kümmern. Ich möchte Liz sagen, dass sie mir so wertvoll ist, dass ich jetzt, nach 41 Jahren gemeinsamer Pilgerfahrt, für eine Weile von allen öffentlichen Verpflichtungen zurücktrete. [1]

Beeindruckend, nicht? Doch es war etwas anderes in diesem Brief, das mich echt umhaute. Dort stand: „In dreißig Jahren hat meine Leidenschaft für öffentlich anerkannte Leistung nie nachgelassen." Ich bekam ein seltsames Gefühl in der Magengrube, als ich diese Worte las, denn auf vielfache Weise beschreiben sie mich: Zum Erfolg getrieben. Auf Leistung konzentriert. Entschlossen, als Mensch geachtet zu werden, der etwas bewirkt. Abhängig von dem berauschenden Gefühl, dass ich etwas Wichtiges tue …, koste es, was es wolle.

Zu häufig in meinem Leben kam bei mir der Aufbau einer tollen Gemeinde vor meiner Familie und meiner Gesundheit. Das Beantworten aller E-Mails hatte Vorrang vor meiner Zeit mit Gott. Eine starke Predigt zu halten, war mir wichtiger, als mich Gott zu unterwerfen und ihm zu erlauben, mich zu verändern. Und warum mache ich das? Weil ich mich wie ein Abhängiger an diesem Verhalten berausche.

Dinge zu leisten, ist schon erhebend. Dadurch fühle ich mich stark, wertvoll. Es bringt mir Anerkennung und Lob und durchflutet mich mit Adrenalin. Wenn ich fünfzehn Stunden am Tag arbeite, fühle ich mich erfolgreich und glücklich. Ich liebe risikoreiche Entscheidungen, Schreiben unter Druck und den puren Reiz meines Hirtendienstes.

Leistung nährt mein Ego. (Darum blasen viele Menschen mit aufgeblasenem Ego irgendwann ihre Familie ab.)

Natürlich hat das auch eine Kehrseite, denn es kann regelrecht Furcht einflößen, nicht produktiv zu sein, nicht genügend zu leisten. Überall lauert die Angst zu versagen. Nie habe ich das Gefühl, richtig angekommen zu sein. Das Hochgefühl von Leistung ist flüchtig. Ihre Anforderungen sind konstant. Und ich bin angetrieben, mich weiter ins Zeug zu legen, es weiter zu versuchen, weiter Überstunden zu machen auf Kosten meines persönlichen Umfelds, meiner Gesundheit, sogar meiner Seele.

Und es geht nicht nur mir so; diese Tendenz gibt es überall: bei Angestellten, die persönliche Beziehungen opfern, um die Karriereleiter hochzuklettern; bei Unternehmern, die alle Zeit und Energie in die Umsetzung ihrer Träume stecken; bei Studenten, die sich auf Noten und Stipendien fixieren; bei Eltern, die alles daransetzen, die perfekte Familie aufzubauen; bei Schauspielern, die alles tun, um ein Star zu werden; bei Ehrenamtlichen, die viele Stunden in Hilfe für andere investieren und sich nach Anerkennung dafür sehnen; bei Pastoren und anderen Gemeindemitarbeitern, die sich für den Aufbau eines Verkündigungsdienstes aufreiben.

Glauben Sie bloß nicht, dass nur „Unternehmertypen" oder Prominente den leeren Versprechen von Erfolg, Leistung und Produktivität auf den Leim gehen. Der übersteigerte Drang, erfolgreich zu sein, kann jeden befallen. Aber wir sind nicht dazu geschaffen, unseren Wert nur in dem zu finden, was wir tun.

Hunger nach mehr

Es klingt fast nach einer Phrase, doch es stimmt: Gott erschuf uns zum „Mensch-Sein", nicht zum „Mensch-Tun". Dennoch ist der Wunsch, etwas zu tun – zu erschaffen, aufzusteigen, beizutragen, zu träumen und zu riskieren –, ein gottgegebener Teil unseres Menschseins. Erwin McManus formuliert es so: „Der Grund, warum wir solche Angst vor der

Bedeutungslosigkeit haben, warum wir uns so ins Zeug legen, um etwas zu erreichen, warum wir emporstreben und träumen und Risiken eingehen, ist der, dass Gott uns mit dem Bedürfnis erschaffen hat, etwas zu werden."[2]

In der Tat sind wir dazu gemacht, etwas Großes mit unserem Leben zu tun. Doch oft passiert tief in unserem Herzen etwas ganz anderes, das unseren Wunsch übertrifft, Gutes zu tun oder etwas zu bewegen. Wir alle wurden verdorben durch etwas, das die Bibel als Sünde bezeichnet; also fangen wir an, in Erfolg und Leistung etwas zu suchen, das nur Gott uns geben kann. Unser gottgegebenes Sehnen, etwas zu werden, verwandelt sich. Dann wollen wir nicht irgendeinen Job haben, sondern den besten. Wir wollen nicht irgendeinen Titel haben, sondern einen, mit dem wir uns von anderen abheben und über ihnen stehen. Wir wollen nicht irgendwelche Kinder, sondern wunderschöne, wohlerzogene, großartige Nachkommen, die unser Selbstbewusstsein heben. Wir wollen nicht einfach mitwirken, sondern mehr als alle tun, und das soll auch jeder wissen.

An dieser Stelle können Abhängigkeiten entstehen, die zu Lüge, Hinterhältigkeit und Manipulation führen. Wir tratschen, überarbeiten und überlasten uns und nehmen zu viele Medikamente, weil wir unbedingt produktiv sein wollen. Und warum? Weil Erfolg und Leistung zu falschen Göttern geworden sind. Und wenn wir uns vor dem Gott des Erfolgs verneigen, geraten wir unvermeidlich in die Tretmühle, uns wieder und wieder und wieder zu beweisen.

Nichts gewonnen

Salomo ist der weiseste Mensch, der je gelebt hat. Er erzählt von der Enttäuschung, die dann entsteht, wenn man in Leistung etwas sucht, das nur Gott geben kann. Doch zuerst schreibt er:

Ich schuf große Dinge: Ich baute mir Häuser und pflanzte Weinberge. Ich legte Ziergärten und riesige Parks für mich an und bepflanzte sie mit Fruchtbäumen aller Art. Ich baute große Teiche, um den Wald mit seinen jungen Bäumen zu bewässern. Ich erwarb Knechte und Mägde zu denen hinzu, die schon lange bei uns lebten und zu Zeiten meines Vaters in unserem Haus geboren wurden. Ich besaß größere Rinder- und Schafherden als alle, die vor mir in Jerusalem regiert hatten. Meine Schatzkammern füllte ich mit Silber und Gold, mit Schätzen aus anderen Königreichen. Ich ließ Sänger und Sängerinnen an meinen Hof kommen und hatte alle Frauen, die ein Mann sich nur wünschen kann. So wurde ich berühmter und reicher als jeder, der vor mir in Jerusalem regiert hatte, und meine Weisheit verlor ich dabei nicht. (Prediger 2,4-9)

Das ist mal ein Lebenslauf! Salomo hat eindeutig alles erreicht. Er hat mehr Erfolg als jeder vor ihm. Aber nichts von dem Erreichten schenkt ihm die Zufriedenheit, die er sich wünscht:

Ich gönnte mir alles, was meine Augen begehrten, und erfüllte mir jeden Herzenswunsch. Meine Mühe hatte sich gelohnt: Ich war glücklich und zufrieden. Doch dann dachte ich nach über das, was ich erreicht hatte, und wie hart ich dafür arbeiten musste, und ich erkannte: Alles war letztendlich sinnlos – als hätte ich versucht, den Wind einzufangen! Es gibt auf dieser Welt keinen bleibenden Gewinn. (Prediger 2,10-11)

Klingt das irgendwie vertraut? Salomo hatte Geld, Macht und Errungenschaften angehäuft – die biblische Version des größeren Arbeitszimmers, des höheren Gehalts, des bedeutenderen Titels, der öffentlichen Anerkennung. Er erklomm den absoluten Gipfel des Erfolgs, was sich auch so viele von uns wünschen. Doch dann erkannte er, dass das alles bedeutungslos war. Witzlos. Seine Errungenschaften konnten seine innerste Sehnsucht nach mehr nicht befriedigen.

Salomo ist nicht der Einzige, der dies erkannte. Die Popsängerin Madonna beschreibt die Verlockungen des Erfolgs und ihre Angst vor dem Versagen folgendermaßen:

> *Ich verfüge über einen eisernen Willen und habe immer versucht, dieses schreckliche Gefühl der Unzulänglichkeit aus bloßer Willenskraft zu überwinden … Ich kämpfe dagegen an, und es gelingt mir immer wieder, mich für etwas Besonderes zu halten. Doch schon hinter der nächsten Bühne kämpfe ich wieder gegen die Angst an, nur zweitklassig und langweilig zu sein … Das wiederholt sich immer und immer wieder. Diese Angst vor der Mittelmäßigkeit treibt mich an, sie peitscht mich durchs Leben. Denn obwohl ich schon längst eine Berühmtheit bin, muss ich mir selbst unablässig beweisen, dass ich wirklich wichtig bin. Dieser Kampf hört nicht auf, vielleicht wird er nie aufhören.*[3]

So geht es einem, wenn man sich von der eigenen Leistung abhängig macht. Man muss sich wieder und immer wieder beweisen. Auch Salomo schien vor Gott davongelaufen zu sein statt zu ihm hin. Er versuchte, in allem Sinn und Bestätigung zu finden außer in Gott; doch sein Bestreben ließ ihn leer zurück. Seine Identität basierte auf Erfolg.

Das kennen auch wir: Das, was wir tun, bestimmt, wer wir sind. Wir versuchen die Meinungen und die Zustimmung anderer Menschen durch unsere Leistung zu kontrollieren. Das, was *sie* von uns halten, wirkt sich darauf aus, was *wir* von uns halten. Mit anderen Worten: Wir beziehen unseren Selbstwert von außen. Diese Anstrengung lässt sich mit dem Versuch vergleichen, einen ausgetrockneten See mithilfe eines Pappbechers neu zu füllen: Es wird einfach nie reichen. Darum wird der Durst auch nie gestillt sein.

Aber wie erkenne ich, dass ich im Bereich Erfolg und Leistung mit der Verehrung falscher Götter zu kämpfen habe? Es gibt einige charakteristische Merkmale:

Falle 1: Leistung ohne Rücksicht auf andere

Oft sind Menschen, denen Erfolg und Leistung zum Götzen geworden sind, sehr durchsetzungsstark. Sie erklimmen den Gipfel, um ihren eigenen Wert zu steigern. Leider tun sie das auf Kosten des Wertes anderer. Leistungssüchtige können rücksichtslos oder auch nur unsensibel gegenüber Arbeitskollegen, Untergebenen oder Kunden sein und haben dafür manchmal fadenscheinige Ausreden wie: „Das ist doch nur geschäftlich" oder „Es ist nicht persönlich gemeint". Sie heimsen das Lob für Projekte ein, schieben anderen die Fehler zu, rücken sich selbst ins rechte Licht und verbiegen manchmal sogar die Wahrheit.

Doch die wahren Opfer des übersteigerten Leistungsbedürfnisses sind persönliche Beziehungen: Menschen, deren Leistung im Mittelpunkt steht, drängen ihre Ehe zugunsten ihres Erfolgs an den Rand. Sie vernachlässigen ihre Freunde und checken lieber noch mal ihre Mails. Sie lassen ihre Kinder emotional im Stich, um einen weiteren Abend für den Beruf zu opfern. Sie ziehen ihre Familie als Unterstützer für ihre ehrgeizigen Projekte heran. Schlimmer noch: Oft machen sie sich selbst etwas vor und behaupten: „Ich mache das alles doch nur für euch."

Kommt Ihnen das bekannt vor? Sind lange Arbeitszeiten oder andere arbeitsbedingten Themen ständiger Konfliktstoff in Ihrer Ehe oder anderen Beziehungen? Streichen Sie mindestens einmal im Monat ein Abendessen, einen Gemeindebesuch oder ein privates Treffen, weil Sie arbeiten „müssen"? Stellen Sie manchmal fest, dass Sie Ihr Verhalten damit entschuldigen: „Ist doch nur etwas Geschäftliches" oder „Das mache ich doch nicht für *mich*"?

Falle 2: Abhängig sein von der Zustimmung anderer

Vor einigen Monaten schloss ich ein Projekt ab, an dem ich fast ein Jahr gearbeitet hatte. Es war ein großer Durchbruch, und nach Beendigung der Arbeit hätte ich eigentlich sehr zufrieden sein müssen. Stattdessen saß ich an meinem Schreibtisch und dachte darüber nach, wie ernüchtert ich mich fühlte. Warum? Weil mein Werk größtenteils unter dem Radar anderer geflogen war. Ich hatte nicht viel Aufmerksamkeit oder Applaus empfangen und fühlte mich leer. Mir wurde klar, dass diejenigen, die sich ihr Selbstwertgefühl mühsam von außen zusammenklauben, nicht unbedingt große Errungenschaften erzielen wollen. Die *Anerkennung* der Errungenschaften ist die Droge, die süchtig macht.

In einem späteren Kapitel wird noch mehr vom Durst nach Anerkennung die Rede sein. Einstweilen können Sie sich folgende Fragen stellen: Müssen Sie von anderen anerkannt werden, damit Sie sich gut fühlen? Prahlen Sie damit, wie viele Stunden Sie arbeiten? Betonen Sie vor anderen, wie gut sich Ihre Kinder benehmen, damit sie Sie für gute Eltern halten?

Falle 3: Ich bin, was ich leiste

An einem Sonntagmorgen, als ich mich in der Lobby meiner Gemeinde aufhielt, kam jemand auf mich zu und übergab mir seine Visitenkarte. Es ist nicht unüblich, dass Leute mir ihre Visitenkarten geben, wenn sie sich nach dem Gottesdienst bei mir vorstellen. Daher dachte ich mir nichts dabei. Ich sah mir die Karte kurz an und erkannte das Logo einer hiesigen Universität; dann steckte ich sie in meine Tasche.

Als ich spät am Abend meine Taschen leerte (zwei Ibuprofen, drei Kaugummis, vierzehn Cent, mehrere Zettel), fiel mir die Karte wieder in die Hände. Darauf stand der Name Johann Hanson. Offenbar arbeitete er an der Uni. So weit nichts Besonderes. Doch als ich die Karte umdrehte, entdeckte ich auf der Rückseite eine besorgniserregende Botschaft: „BITTE RUFEN SIE MICH AN! ICH BRAUCHE HILFE."

Es war schon zu spät, um noch etwas zu unternehmen, und so ging ich ins Bett und fragte mich, welche Art Hilfe dieser Mensch wohl brauchte. Was machte er gerade durch, dass er so auf mich zugekommen war? Als ich ihn am nächsten Morgen anrief, erhielt ich die Antwort: Er stand kurz davor, seinen Job zu verlieren. Genau an diesem Tag wollte die Universität bekannt geben, dass er gehen musste.

Ich sagte, dass es mir leid tue, dass er das jetzt durchmachen müsse, und dass ich für seine Stellensuche beten würde. „Nein, Herr Pastor", entgegnete er, „ich glaube, Sie verstehen nicht richtig. Ich will keine andere Stelle. Eigentlich will ich gar nicht mehr leben." Seine Stimme klang nicht so, als würde er übertreiben. Er meinte es ernst. „Dieser Job war für mich mein Leben", fuhr er fort. „Er bedeutet mir alles. Ich habe mich nicht mehr um Freundschaften und Beziehungen gekümmert, damit ich in meinem Job das Beste geben konnte. Mein gesamtes Leben kreist darum. Und ich bin richtig gut in dem, was ich mache. Wie können sie mir das nur antun?"

Ich verstand, was da mit Johann passierte. Natürlich war es schlimm, arbeitslos zu werden, aber er betrauerte mehr als das. In seiner Vorstellung verlor er nicht bloß eine Stelle. Er verlor sich selbst. Er machte denselben Fehler wie so viele andere in unserer heutigen Kultur. Er hatte, wer er war, mit dem verwechselt, was er machte.

Haben Sie auch damit zu kämpfen? Halten Sie sich für einen Versager, wenn Sie Fehler machen? Nehmen Sie Kritik an Ihrer Arbeit persönlich? Wenn Sie morgen Ihren Job verlieren würden, wären Sie damit auch Ihre Identität los?

Falle 4: Immer eine Sprosse höher

Neulich gestand mir ein Pastorenkollege: Egal, welche Besucherrekorde seine Gemeinde zu verzeichnen hatte, die Zahlen waren ihm nie hoch genug. Menschen zu Christus zu führen, war seine tiefste Leidenschaft. Und er liebte es, dafür anerkannt zu werden, dass er ein Ziel erreichte – um es dann zu übertreffen.

Mary Bell, eine Therapeutin, die mit hochrangigen Führungskräften in Houston arbeitet, hat dieses Phänomen – und seine destruktiven Auswirkungen – wieder und wieder beobachtet.

Erfolg, [sagt] Bell, ist der Alkohol unserer Zeit. Heutzutage treiben die besten Leute nicht Missbrauch mit Alkohol, son-

dern mit ihrem eigenen Leben ... Sie sind erfolgreich. Sie schließen ein Projekt ab und fühlen sich bombig. Doch das Hochgefühl hält nicht an. Also denken sie: „Ich muss ein neues Projekt anfangen" – was ja auch normal ist. Doch ihnen gefällt die Euphorie, daher wollen sie sie erneut erreichen. Das Problem ist, sie können nicht auf diesem Hoch bleiben.[4]

Sagen wir also mal, Sie arbeiten an guten Verkaufszahlen, die aber nicht erzielt werden. Ihre Selbstachtung steht auf dem Spiel, weil Sie Ihren Selbstwert von außen beziehen. Der Misserfolg bedrückt Sie, doch Sie packen es wieder an und versuchen es nächstes Mal mit noch mehr Energie. Diesmal erreichen Sie Ihr Ziel, aber wenn Sie ehrlich sind, erscheinen Ihnen die Hochs gar nicht so hoch. Sie erreichen womöglich höhere Verkaufszahlen, doch es stellt sich kein Glücksgefühl ein. Also bemühen Sie sich immer mehr.

Kennen Sie das? Sind Sie fortwährend unzufrieden, ganz gleich was Sie zu Hause oder auf der Arbeit zustande bringen? Fällt es Ihnen schwer, Erfolge zu feiern, weil Sie sich bereits der nächsten Aufgabe zugewandt haben? Passiert es öfter, dass Sie sich nach Abschluss eines Projekts oder Erreichen eines Ziels niedergeschlagen oder gar deprimiert fühlen?

Falle 5: Sich mit anderen vergleichen

Menschen, die von Erfolg etwas erwarten, was nur Gott ihnen geben kann, vergleichen sich gern mit anderen oder verfallen leicht in Eifersucht oder Missgunst. Sie denken dann: Warum bin *ich* nicht zum Essen mit dem Chef eingeladen worden? Warum hat *sie* diesen Auftrag bekommen? Warum werden *ihre* Kinder an dieser Schule aufgenommen? Warum darf *er* zur Konferenz und nicht ich? Warum hat *sie* die Gehaltserhöhung bekommen? Ich arbeite härter als sie.

Wenn unser Leben darum kreist, auf die oberste Sprosse der Leiter zu klettern und der oder die Beste zu sein – die beliebteste Musikerin, der erfolgreichste Verkaufsleiter, die beste Mutter oder der beste Vater –, dann geht es uns womöglich nicht gut damit, wenn wir uns mittelmäßig fühlen und zu anderen hochschauen müssen, die offenbar höher geklettert sind als wir. Vielleicht verfallen wir sogar in Zynismus und Bitterkeit und halten Ausschau nach Leuten, denen wir unsere vermeintlichen Fehlschläge anhängen können.

Vor ein paar Wochen, an einem Abend mit meinen Kumpels (an dem ich die schärfsten Chickenwings aller Zeiten gegessen und das geniale Kartenspiel „Dutch Blitz" gespielt habe), brachte ich das Gespräch auf einen anderen Pastor. Die meisten aus der Gruppe kannten ihn, sodass ich so frei war, die nächsten fünf Minuten schlecht über ihn zu reden, mich über ihn lustig zu machen und eine Situation herunterzuspielen, in der er sich gerade befand. Nicht lange darauf hauten auch meine Freunde munter auf ihn ein, und ich gebe zu, dass mich das ziemlich freute. Das war für mich der angenehmere Teil des Abends, denn das Kartenspiel verlor ich haushoch.

Als später alle weg waren, lag ich im Bett und fühlte mich grässlich. Warum um alles in der Welt habe ich das alles gesagt?, dachte ich. Warum hat es mir solche Freude bereitet, die Fehler eines anderen hervorzuheben und mich darüber lustig zu machen? Für eine kurze Zeit hatte das Tratschen und Lachen über die Unzulänglichkeiten eines anderen bewirkt, dass es mir mit meinen eigenen Schwächen besser ging. In gewisser Weise war ich eifersüchtig auf den Erfolg und Einfluss des anderen Pastors. Seine Errungenschaften niederzumachen, war eine Möglichkeit, meine eigenen Erfolge umso toller wirken zu lassen. Kritik an anderen ist eine feige Form von Eigenlob, mit der ich für einen Augenblick meinen Selbstwert aufpumpe.

Kennen Sie solche Situationen? Vergleichen Sie sich gern mit anderen? Machen Sie andere regelmäßig mit Humor nieder? Kritisieren Sie andere, um sich selbst besser vorzukommen? Sind Sie eher neidisch auf die Errungenschaften anderer, als sie zu feiern? Wenn ein Kollege oder Partner gelobt oder belohnt wird, freuen Sie sich dann – oder werden Sie missmutig?

The Biggest Loser – Der größte Verlierer

Auf das Telefonat mit meinem neuen Freund Johann, der seinen Job verloren hatte, folgten noch weitere Gespräche. Im Laufe der Wochen hielt der Schmerz über die Entlassung zwar noch an, doch allmählich ging ihm auf, wie abhängig er von seiner Karriere gewesen war, die ihm ein Gefühl der Zufriedenheit hatte geben sollen. Er hatte geglaubt: Wenn ich im Beruf erfolgreich bin, dann fühle ich mich nicht unzulänglich; dann habe ich keine Angst; dann habe ich keine Selbstzweifel; dann bin ich jemand.

Diese innere Logik steckt hinter jedem übersteigerten Erfolgsdrang. Die Umstände mögen unterschiedlich sein, doch die zugrunde liegende Annahme ist immer dieselbe – dass wir Erfolg *brauchen*, um zufrieden zu sein und uns wertvoll zu fühlen. Doch alles, was wir beim Erklimmen der Erfolgsleiter ansammeln, ist mehr Druck, Angst und Selbstzweifel. Erfolg und Anerkennung sind nicht dazu geeignet, uns zu geben, was wir wirklich brauchen. Und unsere angestrengte Jagd danach kann dazu führen, dass wir opfern, was uns am wichtigsten ist.

Jesus wusste um diese Realität, als er fragte: „Denn was gewinnt ein Mensch, selbst wenn ihm die ganze Welt zufällt und er dabei das ewige Leben verliert? Mit nichts auf dieser Welt kann er es wieder erwerben" (Matthäus 16,26). Jesus wusste, dass Erfolg und Leistung zu den vielen glanzvollen Dingen gehören, die unseren Blick hier auf der Erde fesseln wollen. Sie sehen wertvoll aus. Sie versprechen die Erfüllung unserer Herzenswünsche. Doch das stimmt nicht. Nicht einmal annähernd. Sie sind nichts als leere Versprechen.

Jesus sagt, dass Menschen, die ihre Seele verlieren, um den größten Erfolg und die größte Leistung zu erringen, einen schrecklichen Handel eingehen. Wer sich in dem übersteigerten Bedürfnis nach Leistung verfängt, kann als unsäglicher Verlierer enden.

Unsere Identität in Christus

Was ist die Alternative? Wie können wir uns von diesem Erfolgsdrang losreißen? Wie können wir auf den inneren Ruf nach Bedeutsamkeit und Sinn antworten, ohne von Erfolg und Leistung übermäßig abhängig zu werden? Wie können wir unserem gottgegebenen Sehnen nachkommen, etwas zu bewegen, ohne den leeren Versprechen nach immer mehr in die Falle zu gehen?

Das ist ein akutes Thema in meinem Leben. Doch heute ist es mein Ziel, meine Identität nicht länger auf Erfolg zu stützen, sondern auf Christus. Das bedeutet, meinen Selbstwert nicht von außen – durch Leistung – zu beziehen, sondern von innen, von Christus, der in uns wohnt. Er verleiht uns Wert. Was wir sind, sind wir durch ihn und nicht dadurch, was wir in dieser Welt erreichen.

Heißt das, wir sollen nicht hart arbeiten und uns nicht um gute Ergebnisse scheren? Heißt das, wir sollen nicht danach streben, eine tolle Hausfrau und Mutter zu sein, das nächste Fußballspiel zu gewinnen oder den nächsten Hit zu komponieren? Ganz und gar nicht! Es bedeutet lediglich, dass unsere Identität nicht von unserer Leistung abhängt.

Vor ein paar Monaten bestieg ich den vornehmsten, luxuriösesten Tourbus, den ich je gesehen habe. Wenn ich vorher gewusst hätte, dass ein Bus so toll sein kann, hätte ich mir vor Jahren selbst einen gekauft. Wer braucht schon ein Haus, wenn er so etwas haben kann? Im Bus unterhielt ich mich mit einer der erfolgreichsten Künstlerinnen der Musikindustrie. Diese junge Frau hat fast jeden Preis gewonnen, den man gewinnen kann, und auf ihrem Gebiet zahlreiche Rekorde gebrochen. Sie hat Erfolg auf der ganzen Linie, aber sie wird auch heftig kritisiert – manchmal gedankenlos, ungerechtfertigt und extrem vulgär. Trotz ihrer Erfolge fordert die Kritik ihren Tribut im Gemüt der Künstlerin.

Nachdem ich mir ihre Geschichte angehört und gemerkt hatte, dass sie die Lage unter den gegebenen Umständen ganz gut im Griff hatte, sagte ich zu ihr: „Sie wissen, dass Sie mehr sind als Ihre Begabungen, oder? Sie sind mehr als eine tolle Stimme. Sie sind mehr als ein Platz ganz oben in den Charts. Sie sind mehr als eine Eintrittskarte, die jemand kauft. Sie sind ein lebendiges, atmendes, menschliches Wesen, ein guter Gedanke Gottes. Sie bedeuten ihm etwas."

Als ich abends wieder in meinem Hotelzimmer war, betete ich, dass meine Worte die vielen Stimmen erstickten, die diese junge Künstlerin bombardierten. Und ich bete, dass sie auch in Ihr Herz vordringen. Denn auch Sie sind mehr als Ihre Begabungen. Sie sind mehr als die Position, die auf Ihrer Bürotür steht, oder das Unternehmen auf Ihrer Visitenkarte. Sie sind mehr als die Einrichtung Ihres Zuhauses oder das Benehmen Ihrer Kinder. Sie sind mehr als Ihre Leistungen von letzter Woche oder letztem Monat – mehr als alles, was Sie je in Ihrem Leben erbringen könnten. Wenn Sie das begreifen, können Sie Ihren Geschäften unabhängig von den Umständen gelassener nachgehen, denn Ihr Wert und Ihre Identität sind nicht davon abhängig.

Wahre Identität basiert nicht auf Ihrer Leistung oder auf irgendjemandes Bewertung, sondern darauf, wer Sie in Christus sind. In Psalm 139,14 heißt es, wir sind „wunderbar und einzigartig gemacht". Nur die Tatsache, dass Sie hier sind, dass Sie existieren, dass Gott denjenigen aus Ihnen gemacht hat, der Sie sind, heißt schon, dass Sie jemand sind. Sie sind von Bedeutung. Sie sind geliebt, geachtet, wertgeschätzt. Und Ihr Wert steht nicht zur Disposition – egal, wie erfolgreich oder erfolglos Sie sind.

Wenn Sie noch Zweifel haben, fragen Sie einfach bei Gott nach: Hast du mich wirklich gemacht? Hast du mich gekannt, noch bevor ich meinen ersten Atemzug tat? Wusstest du, noch bevor ich geboren wurde, dass ich genau jetzt dieses Buch lesen und mit dir reden würde? Bin ich dir wichtig, so, wie ich bin?

Lassen Sie das bloße Wissen, dass Gott Sie geschaffen hat und Sie liebt, in Ihr Herz vordringen. Gott hat nicht eine Sängerin erschaffen. Gott hat nicht einen Buchhalter erschaffen. Gott hat nicht einen Prediger erschaffen. Für Gott sind Sie nicht aufgrund Ihrer Berufsbezeichnung, Ihrer Steuerklasse oder Ihres sozialen Status mehr oder weniger wertvoll. Selbst wenn Sie Ihren Job verlieren, selbst wenn Sie Probleme in der Familie haben, selbst wenn Sie einen Fehler machen – Gottes

Zuneigung zu Ihnen gerät nicht ins Wanken. In seinen Augen sinkt Ihr Wert nicht.

Ja, Sie wurden erschaffen, um Großes zu tun, und es ist wunderbar, hart zu arbeiten. Es ist ein Segen, wenn Sie Ihre Gaben und Talente einsetzen. Doch Ihr Wert basiert nicht auf Ihren Leistungen. Wenn alles Mögliche außer Gott Sie definieren darf, werden Sie zermalmt. Dann stehen Sie unter permanentem Leistungsdruck, immer verfolgt von dem Gedanken, nicht gut genug zu sein.

Die Heilige Schrift lehrt uns, dass unsere Identität nicht in *unseren* Errungenschaften verwurzelt sein soll, sondern in den Errungenschaften *für* uns. In Johannes 1,12 heißt es: „Die ihn aber aufnahmen und an ihn glaubten, denen gab er das Recht, Kinder Gottes zu sein." Glauben Sie, dass Sie von Gott angenommen sind, dass Sie genügen, weil Sie ein geliebtes Königskind sind?

Unsere Identität auf diese Realität zu gründen, ist die einzige Möglichkeit, uns von unserem Leistungsdrang zu heilen. Es ist die einzige Möglichkeit, die Leiter einzureißen und die Tretmühle von Leistung und Erfolg zu vernichten. Denn wenn wir das tun, wird unser Leben in etwas verwurzelt sein, das sich nicht erschüttern lässt.

Und dann sind wir frei dazu, wirklich etwas zu bewirken.

Kapitel Vier

Die Sehnsucht nach Anerkennung

Dem achtzehn Monate alten Lukas widerfuhr das, wovor jedem Menschen graut: Seine Mutter ließ ihn in einer Wohnung zurück – ohne die Absicht, je zurückzukehren. Tage später wurden Lukas und seine Geschwister gefunden, verlassen, allein, hungrig. Eine Nachbarin hatte gemerkt, dass etwas nicht stimmte, und die Feuerwehr gerufen.

Dieser Tag in St. Louis, Missouri, war Lukas' Startschuss für eine lange, kräftezehrende Reise mit Zwischenstopps in neun oder zehn Pflegefamilien, bis er mit vier Jahren endlich adoptiert wurde. Endlich wollte ihn jemand. Endlich hielt ihn jemand für liebenswert. Für ein Pflegekind ist eine Adoption eine lang ersehnte Zustimmung, ein Zeichen des Angenommenseins.

Leider wurde dieser Traum für Lukas nicht Wirklichkeit.

Die Leute, die Lukas adoptierten, hatten vier eigene und zwei adoptierte Kinder. Doch Lukas hob sich ab. „Ich hatte ungeheure Energie", erzählte er mir. „Abends ging ich spät ins Bett, morgens stand ich früh auf. Dauernd war ich aufgedreht und ungestüm. Meine Adoptiveltern hatten keine Ahnung, wie sie mit mir umgehen sollten. Immer wollten sie, dass ich mehr so bin wie ihr ältester Sohn, mein großer Bruder, der ruhig, wohlerzogen und sehr sportlich war. Ich fürchtete, dass sie mich zurückgeben würden. Stattdessen nahmen sie sich vor, mich mit aller Strenge zuzureiten wie ein Pferd."

Die nächsten zehn, zwölf Jahre waren für Lukas die Hölle. Vor allem sein Vater konnte seinen Zorn ihm gegenüber nicht zügeln und misshandelte ihn physisch und psychisch. Die ständige Zurückweisung war Lukas zu viel – das Essen wurde sein Seelentröster. „Abends habe ich Süßigkeiten in meinen Schrank geschmuggelt", erinnert er sich. „Ich habe gegessen und gegessen, um meinen Schmerz zu betäuben. War mein Magen voll, war ich zufrieden – wenn auch bloß für ein paar Augenblicke."

Im elften Schuljahr wog Lukas etwa 150 Kilo.

Am College begann er eine Beziehung zu Gott und verstand allmählich, worum es bei wahrer Liebe und Angenommensein ging; doch mit den Wunden seiner Kindheit hatte er sich noch nicht befasst. Mit sechsundzwanzig heiratete er, mit achtundzwanzig aß er immer noch, um den Schmerz über das Nicht-Angenommensein zu betäuben. Schließlich wog er über 200 Kilo.

Eine Achterbahn der Gefühle

Als Pastor kümmere ich mich sehr viel um Menschen, die emotional ins Wanken geraten, weil sie sich nicht bejaht, nicht akzeptiert, nicht gewollt, nicht wertgeschätzt, nicht geliebt fühlen. Ich rede nicht nur von benachteiligten, misshandelten Pflegekindern wie Lukas. Einige Erwachsene mit den schlimmsten Persönlichkeitsstörungen sind in Familien aufgewachsen, wo sie fast alles bekommen hatten: Spielzeug, Aufmerksamkeit, Chancen … Was sie *nicht* bekommen hatten, war das Gefühl, geachtet, wertgeschätzt, gemocht zu werden.

Solche Menschen greifen nicht immer zum Essen wie Lukas. Einige trösten sich mit Alkohol oder Tabletten. Manche wandern von einer Beziehung zur nächsten. Andere gehen den leeren Versprechen von Erfolg und Leistung in die Falle. Ich habe auch miterlebt, wie Menschen ziemlich verheerende, zerstörerische Verhaltensmuster angenommen haben, nur um die flüchtige Anerkennung eines anderen Menschen zu erlangen. Kaum etwas fürchten wir Menschen so sehr wie unerwünscht, abgelehnt oder einsam zu sein. So leicht denken wir: Wenn ich doch ihre Liebe bekäme … Wenn mein Chef mich doch akzeptieren würde … Wenn Papa mich nur wertschätzen würde …, dann wäre mein Leben heil. Wie leicht geht man der Erwartung in die Falle, ein anderer Mensch könnte unserem Leben Sinn geben.

Es ist nichts verkehrt daran, sich gute Beziehungen zu wünschen. Genau wie wir dazu angelegt sind, nach Bedeutsamkeit und unserer Bestimmung zu suchen, brauchen wir emotionale und körperliche Nähe. Unsere Verbindungen zu Freunden, Verwandten, Kollegen und der Gemeinde sind entscheidend, um gut durchs Leben zu kommen. Unser Bedürfnis, andere zu kennen, gekannt zu werden und als die, die wir sind, akzeptiert zu werden, ist ganz und gar keine Sünde.

Doch das Ganze hat auch eine Kehrseite. Ich liebe es, Menschen um mich zu haben. Ich glaube an Beziehungen. Ich schreibe und predige häufig darüber, wie wichtig und bedeutsam unsere Verbindungen zu anderen Menschen sind. Aber es gibt auch Dinge, die Gemeinschaft nicht für uns tun kann. Henri Nouwen beschreibt das so:

> *In einer Welt, in der die traditionellen Muster menschlicher Kommunikation zusammengebrochen sind, in der Familie, Beruf oder heimatliches Dorf nicht mehr die engen Bande bieten wie in der Vergangenheit, ist uns der elementare menschliche Zustand der Einsamkeit gefühlsmäßig so bewusst geworden, dass wir ständig versucht sind, mehr von unseren Mitmenschen zu verlangen, als sie geben können. Wenden wir uns unseren Nächsten zu in der Annahme, sie könnten unsere tiefsten Bedürfnisse erfüllen, werden wir ständig frustriert werden. Erwarten wir nämlich von einem Freund oder geliebten Menschen, dass er uns von unseren innersten Qualen befreit, dann erhoffen wir etwas von ihm oder ihr, das Menschen nicht geben können. Kein Mensch kann uns vollständig verstehen, kein Mensch kann uns uneingeschränkt lieben oder uns ständig geneigt bleiben, kein Mensch kann in unser innerstes Wesen vordringen und unsere Verzagtheit heilen.*
>
> *Wenn wir das vergessen und von anderen mehr erwarten, als sie geben können, werden wir schnell enttäuscht werden; und wenn wir nicht das Erwartete bekommen, werden wir zusehends ärgerlich, bitter, nachtragend und sogar gewalttätig.[1]*

Wenn wir von einem anderen Menschen erwarten, dass er uns ganz macht, uns den Schmerz nimmt, uns vollkommen versteht, uns heilt, uns ein gutes Gefühl uns selbst gegenüber vermittelt, immer bei uns ist, dann erwarten wir etwas, das ein Mensch uns nicht geben kann. Doch unsere Einsamkeit und Zerbrochenheit drängt uns trotzdem dahin. So kann es passieren, dass wir all unser gottgegebenes Sehnen nach Sinn und Bestätigung auf eine Person oder Gruppe verlagern.

Das ist die Falle der Abhängigkeit von Anerkennung.

Wer sich von Anerkennung abhängig macht, stützt sich ganz auf andere Menschen. Sie sollen ihn lieben, sich um ihn kümmern, ihn bestätigen und ihm Sinn geben. Unsere Kultur hat viele Namen für diese Form emotionaler Bedürftigkeit, und sie manifestiert sich auf vielerlei Weise. Manchmal wird sie Co-Abhängigkeit oder Sucht nach Liebe genannt. Sie kann sich auf eine Person richten („Ich brauche dich in meinem Leben") oder auf andere Menschen allgemein („Ich möchte es immer allen recht machen"). Sie kann auch mit anderen zerstörerischen Verhaltensweisen einhergehen wie Substanzmissbrauch oder sexueller Hörigkeit.

Wie auch immer sie genannt wird und wie auch immer sie daherkommt: Wenn wir uns abhängig machen von Anerkennung, suchen wir bei Menschen oder in Beziehungen die Liebe, Akzeptanz und Bestätigung, die nur von Gott kommen kann. Das bewirkt, dass wir eine falsche Auffassung vom Leben erlangen. Unser Fühlen und Denken wird durch die falsche Einschätzung von Erfolg, Versagen, Liebe und Wert verdreht.

Das macht unendlich müde – denn ein Leben mit dem übersteigerten Bedürfnis nach Anerkennung ist schwierig und anstrengend: Ständig überprüfen wir, ob wir auch das Richtige gesagt und getan und in die richtige Richtung geschaut haben, um die Bestätigung zu bekommen, nach der wir lechzen. Unsere Gefühle sind gefangen in einer Achterbahn: von den wunderbaren Hochs – dem „Schuss", den wir aus Zustimmung beziehen – bis zu tiefer Verzweiflung, wenn unser „Vorrat", die menschliche Quelle unserer Liebe und Anerkennung, zur Neige geht, schimpft oder urteilt oder ganz verschwindet.

Und wenn das Unvermeidliche geschieht, wenn Menschen oder

Beziehungen uns im Stich lassen, dann kommen uns vielleicht Gedanken wie: Nichts mache ich richtig. Niemals wird sich jemand für mich interessieren. Irgendetwas stimmt mit mir nicht. Mir kann niemals vergeben werden. Es hat doch keinen Zweck, es überhaupt zu versuchen.

Ein solches Denken kann uns hilfsbedürftig und fordernd machen oder uns emotional erfrieren lassen, gelähmt von Furcht oder Ablehnung. Die Selbstachtung wird so brüchig, dass selbst die leiseste konstruktive Kritik uns emotional zugrunde richten kann. Wir wünschen uns so inständig, geliebt und unterstützt zu werden, dass wir nicht die Ressourcen haben, andere zu lieben und ihnen Rückendeckung zu geben. Paradoxerweise kann dieser verdrehte Realitätssinn genau die Beziehungen zerstören oder verzerren, von denen wir am meisten erhoffen.

Suche nach Liebe

Die Geschichte Jakobs, die in 1. Mose 25 beginnt, ist wohl eine der seltsamsten Geschichten der ganzen Bibel. Aufgrund solcher Geschichten weiß ich, dass Gottes Wort wahr ist. Wenn sich jemand so etwas einfach nur ausgedacht hätte, wäre es auf gar keinen Fall in die Bibel aufgenommen worden.

Jakob war der Sohn von Isaak und Rebekka. Sein Zwillingsbruder Esau war wenige Minuten zuvor auf die Welt gekommen und damit der Ältere. Aus Gründen, die ich nicht kenne, bevorzugte Isaak seinen Sohn Esau, was in Jakobs Seele eine riesige Wunde schlug. Als Reaktion auf diese Ablehnung ging Jakob eine ungesunde Bindung zu seiner Mutter Rebekka ein.

Da Esau der ältere Bruder war, hatte er von seinem Vater ein großes Erbe zu erwarten – und noch etwas anderes heiß Begehrtes: einen besonderen Segen. Doch eines Tages schmiedeten Jakob und seine Mutter ein Komplott, womit sie den alternden Isaak austricksen und so Jakob den Segen zukommen lassen wollten. Ihr Plan ging tatsächlich auf: Isaak segnete irrtümlich Jakob. Esau war außer sich, als er das mitbekam. Er schwor, seinen Bruder umzubringen. Daher lief Jakob davon.

Und Sie dachten, in Ihrer Familie geht es hoch her?

Jakobs Leben lag von da an in Trümmern. Er rannte um sein Leben und war sich sicher, dass er seine Familie nie wiedersehen würde. Sein Zwillingsbruder hasste ihn. Durch seine Flucht hatte er sein unrechtmäßig erworbenes Erbe verloren. Verzweifelt reiste Jakob zu den Verwandten seiner Mutter, genauer: zu ihrem Bruder Laban. So weit noch alles klar? In 1. Mose 29,16-20 lesen wir dann:

> *Laban hatte zwei Töchter; die ältere hieß Lea und ihre jüngere Schwester Rahel. Lea hatte glanzlose Augen, Rahel aber war eine sehr schöne Frau. Jakob liebte sie. Darum antwortete er: „Ich will sieben Jahre für dich arbeiten, wenn du mir Rahel gibst!" „Einverstanden", sagte Laban, „ich gebe sie dir lieber als einem fremden Mann. Bleib solange bei mir!" Die sieben Jahre vergingen für Jakob wie im Flug. Dass er so lange für Rahel arbeiten musste, störte ihn nicht, weil er sie sehr liebte.*

Als Jakob also bei seinem Onkel ankam, erfuhr er, dass Laban zwei Töchter hatte. Nach allem, was die Heilige Schrift sagt – nicht ich! –, war Lea die ältere, weniger attraktive. Rahel dagegen „war eine sehr schöne Frau". Mit anderen Worten: Rahel sah megamäßig aus. Und Jakob verliebte sich unsterblich in sie. Er war bereit, sieben Jahre für seinen Onkel zu arbeiten, um sie zu heiraten.

Das war, wie Theologen hervorheben, ein ungewöhnlich hoher Preis für eine Braut. Er war mindestens viermal höher als der normale Preis. Doch Jakob war so von Rahel angetan, dass er bereit war, alles zu zahlen, was Laban verlangte. Er arbeitete die gesamten sieben Jahre und sagte dann zu Laban: „Die Zeit ist um! Gib mir Rahel, für die ich gearbeitet habe!" (Vers 21) Selbst nach sieben Jahren war sein emotionales und körperliches Verlangen nach dieser Frau noch ungebrochen.

Klingt das nicht ziemlich romantisch – ein Mann, der bereit ist, auf die Frau, die er liebt, zu warten und für sie zu arbeiten? In unserer Kultur ist so eine Geschichte etwas ganz Besonderes. Aus solch einem Stoff würden wir heutzutage einen Film drehen – nur dass unsere Figuren blasse, schillernde Vampire wären.

Aber verstehen Sie, warum Jakob das tat? Er zeigt alle Anzeichen für ein großes Bedürfnis nach Zustimmung.

Sein Leben war leer. Nie hatte er die Liebe seines Vaters bekommen. Er war getrennt von seiner Mutter, zu der er eine sehr enge Bindung hatte. Sein eigenes Verhalten hatte eine Kluft zu seinem einzigen Bruder geschlagen. Und aufgrund der Umstände hatte er keinen rechten Sinn für Gottes Liebe zu ihm. Er war zutiefst einsam und fühlte sich verlassen. Seine einzige Hoffnung war Rahel, also legte er all seine Bedürfnisse und Sehnsüchte in sie hinein.

Wenn ich von ihr geliebt würde, dachte er vermutlich, *würde das meinem Leben Sinn geben. Wenn ich von ihr akzeptiert würde, wäre ich wieder jemand.* Er war abhängig von der Liebe und Annahme eines einzigen Menschen, der ihm geben sollte, was nur Gott ihm geben konnte. Kein Mensch ist dazu fähig.

Wenn Sie diese Geschichte kennen, wissen Sie, was danach geschah. Laban brachte Jakob durch einen Trick dazu, die Falsche zu heiraten. Am Morgen nach der Hochzeitsnacht wachte Jakob auf und merkte, dass er neben Lea im Bett lag – der älteren, weniger attraktiven Schwester. Tim Keller fasst das zutiefst Schmerzliche dieses Abschnitts so zusammen:

> *Wir lernen, dass jedes Leben auf dieser Erde von tiefer Enttäuschung durchzogen ist. Wer das nicht verstanden hat, wird nie weise leben können. Jakob sagte sich: „Wenn ich Rahel habe, dann werde ich glücklich sein." Er schlief mit der Frau, die er für Rahel hielt, und merkte am nächsten Morgen, dass es Lea war. Ein Kommentator schrieb: „Dies illustriert die grundsätzliche und immer wiederkehrende Enttäuschung, welche die Menschheit verfolgt, seit wir aus Eden vertrieben worden sind." Was meint er damit? Bei allem nötigen Respekt für Lea (von der wir viel lernen können): Hier bedeutet dies,*

egal, worauf wir unsere Hoffnung setzen, am nächsten Mor-
gen wachen wir immer neben Lea auf, nicht neben Rahel.[2]

Es überrascht nicht, dass Jakob wütend, enttäuscht und verletzt war. Er war von seinem Onkel ausgetrickst worden. Er hatte eine Frau geheiratet, die er nicht liebte. Sieben Jahre hatte er für eine Frau gearbeitet, die er zutiefst begehrte, und hatte sie nicht bekommen.

Aber lesen Sie mal, was Jakob als Nächstes machte: Er willigte ein, *weitere* sieben Jahre für Laban zu arbeiten, damit er Rahel heiraten konnte.

Ich glaube, Jakob hat genau das gemacht, was auch Sie und ich im Laufe unseres Lebens immer wieder getan haben: Er benutzte die Liebe und Anerkennung eines anderen Menschen – oder das Versprechen zu solcher Liebe und Anerkennung –, um seinen Schmerz zu lindern. Schließlich heiratete er Rahel, doch seine ungesunde Abhängigkeit von ihr führte zu jahrzehntelangem Elend und Unglück für seine Nachkommen.

Auswirkungen

Sind Sie ein bisschen wie Jakob? Neigen Sie dazu, sich auf einen anderen Menschen zu verlassen, um sich geliebt, erwünscht, akzeptiert und anerkannt zu fühlen? Machen Sie sich ständig Gedanken darüber, was andere von Ihnen halten? Machen Sie manches nicht, weil andere vielleicht nichts davon halten? Lassen Sie kritische Äußerungen wieder und wieder in Ihrem Kopf abspulen? Glauben Sie, Ihr Lebenspartner ist für Ihr Glück zuständig – oder dass Sie weniger wert sind, wenn Sie keine feste Partnerschaft haben? Macht Ihnen das Gefühl Angst, eine wichtige Person in Ihrem Leben könnte wütend auf Sie sein?

Nach jahrelangem Beobachten bin ich überzeugt, dass die meisten Menschen unterschiedlich stark von dem Bedürfnis nach Anerkennung durch andere betroffen sind. Manchmal nehmen wir das überhaupt nicht wahr, obwohl es ein qualvoller Zustand ist: Es gibt immer jemanden, der einen Teil von uns nicht mag, liebt oder befürwortet.

Man kann zwar leben und auch überleben, wenn man hinter diesem leeren Versprechen herjagt, doch einige Dinge werden ganz sicher eintreten. Menschen, die in der Hoffnung leben, dass die Liebe und Anerkennung eines anderen ihre tiefsten Sehnsüchte stillt, haben in der Regel dreierlei zu erwarten.

Mittelmäßigkeit

Wer sich abhängig macht von der Anerkennung anderer, wird meist ein Leben in Mittelmäßigkeit führen, weil er immer mit der Herde laufen muss – und das ist genau das Gegenteil dessen, wozu Gott uns beruft. Stattdessen sollen wir *ihm* folgen, was manchmal bedeutet, Risiken einzugehen, unliebsame Standpunkte zu vertreten, gegen den Strom zu schwimmen oder sogar Menschen gegen sich aufzubringen. Wie können wir das, wenn wir doch einen übersteigerten Wert darauf legen, dass andere Menschen uns schätzen? Wenn jemand, der sich sonst immer anpasst, versucht auszubrechen und ein Risiko einzugehen, ist die typische Reaktion der Herde, ihn zu kritisieren oder gar anzugreifen und so lange an ihm zu zerren, bis der Abtrünnige sich wieder eingliedert.

Als ich am College war, habe ich Gottes Ruf vernommen, eine Gemeinde zu gründen. Ich war einundzwanzig und Jugendpastor einer kleinen ländlichen Gemeinde. Ich beschloss, von diesem Amt zurückzutreten und mit meinem Leben das anzufangen, was ich als Gottes Ruf verstand. Eines Abends, als ich schon gekündigt hatte, aber noch letzte Aufgaben in meiner alten Gemeinde verrichtete, bekam ich zufälligerweise das Gespräch zweier Diakone mit. Ich hatte lange gearbeitet und lief gerade durch die Gemeindebibliothek Richtung Ausgang. Plötzlich hörte ich meinen Namen; daher blieb ich stehen und spitzte die Ohren. (Vielleicht liege ich da falsch, aber ich glaube, das fällt nicht unter „lauschen", wenn man seinen Namen hört.)

Die beiden Männer unterhielten sich über meine Kündigung und den

Wunsch, eine Gemeinde zu gründen. Eindeutig hielten sie das Ganze für einen einzigen Scherz. „Glaubt der Junge denn, er kann wirklich Pastor sein? Meint er, er kann predigen? Wer folgt denn schon einem einundzwanzigjährigen Hirten?"

Nicht, dass ich nicht auch schon über all diese Fragen nachgedacht hätte. Doch sie von Männern zu hören, zu denen ich aufsah, war niederschmetternd. Auf dem Weg zum Auto kämpfte ich mit den Tränen. Ich stieg ein und betete: „Gott, die beiden haben ja recht. Für wen halte ich mich? Ich kann das nicht. Sie wissen es. Ich weiß es. Alle wissen es."

In der Nacht hatte ich jedoch das Gefühl, Gott bestärke mich darin, nicht für die Zustimmung anderer Menschen zu leben. Mein Ziel war ja nicht, jedermanns Erlaubnis und Bestätigung zu suchen, sondern das Leben zu führen, zu dem Gott mich meinem Empfinden nach berief.

Die Gemeinde zu gründen änderte die Richtung meines Lebens und meines Glaubens an Gott. Inzwischen bin ich den beiden Männern in der Gemeindebücherei sogar dankbar, denn sie haben mir etwas Wichtiges beigebracht: Wenn man sich davon abhängig macht, dass andere Menschen allem, was man sagt oder tut, zustimmen oder es unterstützen, wird man am Ende gar nichts mehr tun oder sagen und an Mittelmäßigkeit gefesselt.

Erschöpfung

Nur wenige Dinge sind so aufreibend wie der Versuch, das eigene Image am Urteil anderer Leute auszurichten. Ich weiß ja nicht, wie das bei Ihnen ist, aber ich habe definitiv schon in dieser Falle gesessen und mich zu sehr darum geschert, was die Leute von mir denken. Ich habe so viel Energie verbraucht zu projizieren, vorherzusagen und mich zu fragen, welchen Eindruck ich mache, dass ich die wirklich wichtige Frage aus dem Blickfeld verloren habe: Mache ich das, wozu Gott mich berufen und geschaffen hat?

Vor ein paar Jahren war ich in der Gemeinde in Nashville, deren Pastor ich jetzt bin, in einer unbequemen Situation. Die Zahl der Mitglieder wuchs rasch, und meine Zuständigkeiten als Pastor verlagerten sich. Ich konnte mich nicht mehr um alle Menschen kümmern, die *Cross Point* zu ihrer Heimatgemeinde erkoren hatten. Doch stur hielt ich daran fest, alle Seelsorgegespräche selbst zu führen, Paare zu trauen, Ansprachen zu halten und Meetings zu leiten. Dadurch war ich so ausgelaugt, dass ich nur noch wenig Zeit und Energie für Familie und Freunde hatte.

Damals meinte ich, meine Versuche, für alle da zu sein, kämen von dem Wunsch zu lieben. Heute schaue ich zurück und merke, dass meine Hauptmotivation nicht war, liebevoll zu sein, sondern geliebt zu werden. Das ist doch ein Riesenunterschied, oder? Wenn ich wirklich liebevoll hätte sein wollen, hätte ich den anderen Pastoren meiner Gemeinde erlauben müssen, den Gottesdienst zu halten. Das zu ändern, fiel mir schwer, denn jahrelang hatte ich meine Bestätigung von Gemeindemitgliedern bezogen, die mir auf die Schultern klopften.

Doch allmählich lerne ich, das zu schätzen, was geschieht, wenn ich mir erlaube, einen Schritt zurückzutreten und Gott meine Wertschätzung zu überlassen. Dadurch erhalten mehr Menschen gute Seelsorge. Mehr Menschen erleben die Freude, ihre Gaben im Gottesdienst einzusetzen. Meine wichtigen Beziehungen – zu meiner Frau, meinen Kindern, meinen engen Freunden und zu Gott – haben Raum zum Wachsen. Ich fühle mich energiegeladen statt erschöpft und ausgelaugt. Und da ich *die* Quelle für verlässliche Liebe anzapfe, fühle ich mich noch mehr wertgeschätzt und bin voller Zuversicht.

Enttäuschung und Zurückweisung

Das Abhängigmachen von Anerkennung ist im Wesentlichen ein Akt der Selbstaufgabe. Statt ihren Wert und ihr Selbstbewusstsein bei ihrem Schöpfer zu suchen, geben Menschen ihr Herz zur Adoption frei, damit andere ihnen Liebe und Anerkennung schenken. Damit machen sie andere für ihre Gefühle verantwortlich.

Das Problem ist nur, dass kein Mensch auf der Welt solche Verantwortung tragen kann. Jeder Mensch, dem wir begegnen, ist ein Sünder. Jeder hat das Potenzial, uns zu enttäuschen, zu betrügen, zurückzuweisen – meist wegen seiner eigenen Unvollkommenheit. Und selbst diejenigen, die uns richtig lieben und uns nicht (so häufig) im Stich lassen, sterben irgendwann und verlassen uns. Die *grundlegende* Anerkennung einem anderen als Gott zu überlassen, heißt, um Herzeleid zu bitten.

Doch die Vorstellung, abhängig von Gott zu sein, kommt uns manchmal komisch vor. Vielleicht denken Sie ja: „Ich werde von den Menschen in meinem Umfeld nicht angenommen, nicht einmal von Leuten wie meinen Eltern, die eigentlich die Pflicht dazu hätten. Wie soll ich da glauben, dass Gott mich ganz und gar akzeptiert?"

Ich bin überzeugt, dass unsere schmerzlichen Beziehungserfahrungen uns von dem wegschieben, was wir eigentlich am dringendsten brauchen. Das gilt ebenso für unsere Schuldgefühle für das, was wir getan haben, und die Scham über das, was uns angetan wurde. Manche Menschen haben so viel davon in ihrem Leben, dass sie sich plötzlich vor dem Einzigen verbergen, der ihnen geben kann, was sie so dringend brauchen.

Das erinnert mich an Adam und Eva im Garten Eden. Wie haben sie reagiert, nachdem sie gesündigt hatten? Ihr Instinkt riet ihnen, wegzulaufen und sich vor Gott zu verstecken. Mich verblüfft, wie stark auch heute noch meine Versuchung ist, meine Sünde und meinen Schmerz vor Gott und Menschen zu verbergen.

Wir tun so, als wäre Gott über unsere Fehler und darüber, dass wir alles andere als perfekt sind, schockiert. Er rauft sich nicht die Haare und sagt vom Himmel herab: „Oh nein! Als ich euch erschaffen habe, hatte ich keine Ahnung, dass ihr euch so verhalten würdet." Wir sind keine Überraschung für ihn. Er kennt uns durch und durch. Auch Psalm 139,2-4 erinnert uns daran:

Ob ich sitze oder stehe – du weißt es, aus der Ferne erkennst du, was ich denke. Ob ich gehe oder liege – du siehst mich, mein ganzes Leben ist dir vertraut. Schon bevor ich rede, weißt du, was ich sagen will.

Obwohl Gott von unseren Schwächen und Fehlern, die wir begehen, schon vorher wusste, hat er sich doch ganz bewusst für uns entschieden und die Beziehung zu ihm ermöglicht. Er hat kein Problem mit unseren Unzulänglichkeiten; er kann damit umgehen. Wer Probleme mit unserem Versagen hat, sind wir selbst. Wir nämlich leiden weiter an unserer Schuld und Scham, statt Gottes Liebe und Hilfe im Umgang mit unserer Sünde anzunehmen. Wir sind es, die sich eher verbergen, als uns und anderen einzugestehen, dass wir alles andere als vollkommen sind.

Vielleicht haben Sie grässliche Fehler begangen. Sie dürfen wissen: Gott liebt Sie weiterhin. Vielleicht ist Ihnen Grausames angetan worden und Sie brauchen die Versicherung, dass Gott Sie niemals so behandeln würde. Ganz gleich, was geschehen ist oder noch geschehen wird, Gottes Reaktion Ihnen gegenüber ist immer dieselbe. Sie sind Sein. Sie sind geliebt. Sie sind angenommen. In Gottes Augen werden Sie nie, niemals den Wert verlieren. Die Bibel bestätigt das: „Gott aber hat uns seine große Liebe gerade dadurch bewiesen, dass Christus für uns starb, als wir noch Sünder waren" (Römer 5,8).

Unsere absurdesten Handlungen sind manchmal eine Reaktion auf das mangelnde Vertrauen in unsere wahre Identität. Wenn wir nicht wissen, wer wir sind oder gar werden sollen, versuchen wir töricherweise, etwas zu werden, das wir nicht sind. Doch die Heilige Schrift versichert uns, dass unsere besondere Stellung in Christus nichts Hypothetisches ist oder ein Ziel, das wir anstreben. Sie ist eine Tatsache:

Wenn ihr nun mit Christus zu einem neuen Leben auferweckt worden seid, dann richtet euer ganzes Leben nach ihm aus. Seht dahin, wo Christus ist, auf dem Ehrenplatz an Gottes rechter Seite. Richtet eure Gedanken auf Gottes unsichtbare Welt und nicht auf das, was die irdische Welt zu bieten hat. Denn für sie seid ihr gestorben, aber Gott hat euch mit Christus bereits ewiges Leben geschenkt, auch wenn das jetzt noch verborgen ist. Doch wenn Christus, unser Leben, erscheinen wird, dann wird in Herrlichkeit sichtbar werden, dass ihr mit ihm lebt. (Kolosser 3,1-4)

Und was ist die Folge davon? Unser Selbst- und Stellenwert wird nicht bestimmt von der Liebe und Anerkennung eines anderen Menschen, sondern nur von Gott. Seine Liebe und Anerkennung sind uns garantiert. Wenn wir sie bei ihm suchen, werden wir nie zurückgewiesen.

Erleichterung

„Pastor Pete, ich habe schon mit einem Dutzend Jungs geschlafen."

Das war nicht unbedingt das, was ich aus dem Mund einer aufgeweckten, unschuldig wirkenden Sechzehnjährigen erwartet hätte.

Ich betreue nicht viele Teenager seelsorgerlich, doch Carolines Mutter ist eine alte Freundin und klang sehr verzweifelt, als sie mich anrief. „Pete, ich weiß nicht, was mit meiner Tochter los ist. Sie ist die ganze Zeit deprimiert, und ich glaube, sie hat mit Drogen zu tun. Seit Stefan und ich geschieden sind, ist sie in einer Gefühlsspirale. Sie kennt dich, seit sie auf der Welt ist. Ich glaube, sie wird auf dich hören. Kannst du bitte mit ihr reden?"

Carolines unverblümtes Geständnis folgte direkt, nachdem sie den Schmerz und die Leere geschildert hatte, die sie empfand, als ihr Vater ihre Mutter zwei Jahre zuvor verlassen hatte. Es war nicht schwer nachzuvollziehen, warum Caroline sich so verhalten hatte. Die Aufmerksamkeit und „Liebe" der Jungs an ihrer Schule zu erlangen, war ihre Art, die Lücke zu füllen, die ihr Vater hinterlassen hatte. Es war ihre Art, sich als Frau begehrt und anerkannt zu fühlen. Doch nachdem sie sich wieder und wieder hergegeben hatte, war das Gefühl, unerwünscht zu sein, nur noch stärker geworden. Kein Wunder, dass sie zu Drogen gegriffen hatte. Sie versuchte, dem Schmerz und der Enttäuschung zu entkommen, die die Beziehungen in ihrem Leben ausgelöst hatten.

Ich beschloss, Caroline die Geschichte von Jesus und der Frau am Brunnen vorzulesen. Sicherlich können sich viele von uns mit ihrer Suche nach der Liebe eines anderen Menschen identifizieren.

Jesu Weg führte ihn auch durch Samarien, unter anderem nach Sychar. ... Müde von der langen Wanderung setzte sich Jesus an den Brunnen. Es war gerade Mittagszeit. Da kam eine Samariterin aus der nahe gelegenen Stadt zum Brunnen, um Wasser zu holen. Jesus bat sie: „Gib mir etwas zu trinken!" Denn seine Jünger waren in die Stadt gegangen, um etwas zu essen einzukaufen. (Johannes 4,4-8)

Die Tageszeit ist in dieser Geschichte ein interessanter Punkt. Interessant deswegen, weil es unüblich war, dass die Leute mittags, zur heißesten Zeit des Tages, an den Brunnen gingen. Die meisten schöpften in der Kühle des Morgens oder Abends Wasser. Doch wir werden gleich verstehen, warum die Frau in der glühenden Sonne dort hinkam.

Die Frau war überrascht, denn normalerweise wollten die Juden nichts mit den Samaritern zu tun haben. Sie sagte: „Du bist doch ein Jude! Wieso bittest du mich um Wasser? Schließlich bin ich eine samaritische Frau!" Jesus antwortete ihr: „Wenn du wüsstest, was Gott dir geben will und wer dich hier um Wasser bittet, würdest du mich um das Wasser bitten, das du wirklich zum Leben brauchst. Und ich würde es dir geben." „Aber Herr", meinte da die Frau, „du hast doch gar nichts, womit du Wasser schöpfen kannst, und der Brunnen ist tief! Wo willst du denn das Wasser für mich hernehmen? Kannst du etwa mehr als Jakob, unser Stammvater, der diesen Brunnen gegraben hat? Er selbst, seine Kinder und sein Vieh haben schon daraus getrunken." Jesus erwiderte: „Wer dieses Wasser trinkt, wird bald wieder durstig sein. Wer aber von dem Wasser trinkt, das ich ihm gebe, der wird nie wieder Durst bekommen. Dieses Wasser wird in ihm zu einer Quelle, die bis ins ewige Leben hinein fließt." „Dann gib mir dieses Wasser, Herr", bat die Frau, „damit ich nie mehr durstig bin und nicht immer wieder herkommen und Wasser holen muss!" (Johannes 4,9-15)

In diesem Augenblick hatte er ihre Aufmerksamkeit gewonnen. Sie war auf der Suche. Was tat Jesus also als Nächstes? Etwas, das scheinbar gar nicht zu seiner Art passte:

Jesus entgegnete: „Geh und ruf deinen Mann. Dann kommt beide hierher!" „Ich bin nicht verheiratet", wandte die Frau ein. „Das stimmt", erwiderte Jesus, „verheiratet bist du nicht. Fünf Männer hast du gehabt, und der, mit dem du jetzt zusammenlebst, ist nicht dein Mann. Da hast du die Wahrheit gesagt." (Johannes 4,16-18)

Genau *so* bloßgestellt zu werden, das war die größte Angst der Samariterin. Darum war sie auch mitten am Tag an den Brunnen gegangen, als sonst niemand dort war. Sie mied andere Menschen und versteckte sich. Sie schämte sich und hatte Angst.

Ehrlich gesagt wissen wir nicht viel über diese Frau. Allerdings können wir vermuten, dass sie sich als kleines Mädchen ihr Leben anders erträumt hatte. Sie hätte wohl nicht gedacht, dass sie von Ehe zu Ehe zu Ehe hüpfen und verzweifelt versuchen würde, dort Liebe, Anerkennung und Zustimmung zu finden. Sie hätte nicht gedacht, dass sie es einmal hinnehmen würde, mit einem Mann zu leben und zu schlafen, der nicht ihr Ehemann war. Auf ihrer Suche nach Liebe war sie immer wieder verletzt worden.

Irgendwann hat die Samariterin sehr wahrscheinlich Liebe mit Sex verwechselt – ein weitverbreiteter Irrtum in unserer heutigen Kultur. Genau der Irrtum, den auch Caroline beging. Auch Sie haben sich vielleicht auf der Suche nach Liebe sexuell hingegeben oder lassen sich ständig auf neue Beziehungen ein in der Hoffnung, endlich ganz zu werden.

Damals habe ich zu Caroline gesagt: „Ich weiß, wenn ich dir jetzt sage, dass Sex von Gott für die Ehe geschaffen wurde, höre ich mich wahrscheinlich total realitätsfremd an. Mag sein. Aber könnte es sein, dass du den Bezug zu deiner Seele verloren hast? Du wurdest nicht dazu geschaffen, dich so herzugeben. Das wird die Wunde nicht heilen, die dein Vater dir zugefügt hat, und ganz gewiss hilft es dir nicht, die Annahme und Zustimmung zu finden, nach der du dich so sehnst."

Ich kenne nur einen Weg, um Abhilfe von dem lähmenden Bedürfnis nach menschlicher Zustimmung zu finden: die bedingungslose Liebe und Annahme unseres himmlischen Vaters. Erwin McManus schreibt dazu:

> Sie arbeiten sich Ihr Leben lang durch Beziehungen und versuchen, Ihr Bedürfnis nach Liebe, Ihre Unzulänglichkeiten in der Liebe, Ihr verzweifeltes Verlangen nach Liebe zu verstehen. Dabei entgehen Ihnen vielleicht die Zeichen, die Ihr Herz Ihnen zu geben versucht: dass Sie nämlich die ganze Zeit Gott suchen.[3]

Unsere Sehnsucht nach Zustimmung lässt sich nur durch Gottes Annahme und *seine* Zustimmung stillen. Im Gegensatz zur menschlichen Liebe lässt uns Gottes Liebe nie im Stich. Diese Botschaft zieht sich durch sein Wort:

> Der Herr selbst geht vor dir her. Er steht dir zur Seite und verlässt dich nicht. Immer hält er zu dir. Hab keine Angst, und lass dich von niemandem einschüchtern! (5. Mose 31,8)

> „Ich will euch trösten wie eine Mutter ihr Kind. Die neue Pracht Jerusalems lässt euch den Kummer vergessen." (Jesaja 66,13)

> „Ich habe dich schon gekannt, ehe ich dich im Mutterleib bildete, und ehe du geboren wurdest, habe ich dich erwählt." (Jeremia 1,5)

> „Ich bin ihnen von ferne erschienen und habe zu ihnen gesagt: ‚Ich habe euch schon immer geliebt, darum bin ich euch stets mit Güte begegnet.'" (Jeremia 31,3)

> „Denn Gott hat die Menschen so sehr geliebt, dass er seinen einzigen Sohn für sie hergab. Jeder, der an ihn glaubt, wird nicht zugrunde gehen, sondern das ewige Leben haben." (Johannes 3,16)

Das ist die Liebe und das Angenommensein, nach dem wir uns sehnen.

Womöglich fragen Sie sich, was aus meinem Freund Lukas geworden ist. Seine Geschichte ging sehr spannend weiter. Er wusste, dass er nicht zulassen durfte, dass seine destruktiven Gewohnheiten anhielten, die er sich zugelegt hatte, um den Schmerz der Ablehnung durch seine eigenen Eltern zu tarnen. Also wollte er etwas dagegen unternehmen. Es schien aussichtslos, aber er bewarb sich als Kandidat für die bekannte Abnehmshow *The Biggest Loser* (Der größte Verlierer). Tatsächlich wurde Lukas unter den dreihunderttausend Bewerbern ausgewählt. Während der Show nahm er unglaubliche einhundert Kilo ab, danach gut weitere zwanzig.

„Ich hatte mir vorgenommen", erzählte er mir, „nicht mehr auf die Stimmen meiner Eltern zu hören, die mir zuraunten, ich sei nicht gut genug und werde es nie zu etwas bringen. Ich wollte die Menschen nicht mehr beachten, die auf mich herabschauten oder sich über mich lustig machten, weil ich anders war. Ich entschied mich für die Stimme Jesu. Er ist der Einzige, für den ich letztlich lebe."

Wie kann sich unser Leben verändern, wenn wir den Götzen menschlicher Liebe, Anerkennung und Zustimmung ablegen! Wir wollen nicht mehr auf die hören, die uns nicht das geben können oder wollen, was wir brauchen. Stattdessen wollen wir dem zuhören und uns an den lehnen, auf dessen Zustimmung wir beständig bauen können.

Kapitel Fünf

Die Tücken der Macht

Vor Kurzem diskutierte ich mit unseren Ältesten über eine wichtige Gemeindeangelegenheit. Wir haben sechs Älteste in der Gemeinde, denen ich Rechenschaft schulde. Unsere lange E-Mail-Korrespondenz zu dieser Angelegenheit mündete schließlich in eine spätabendliche Telefonkonferenz. Nach etwa der Hälfte unseres zweistündigen Gesprächs wurde mir klar, dass ich mich gegenüber den anderen mit meiner Meinung nicht würde durchsetzen können. Ich steigerte mich immer mehr hinein.

An diesem Abend wurde keine Entscheidung gefällt, doch es war klar, dass es nicht so laufen würde, wie ich wollte. Ich legte auf und merkte, wie Zorn in mir aufstieg. Ich saß zu Hause in meinem Arbeitszimmer und schlug meine rechte Hand auf den Schreibtisch. Dann fegte ich mit meinem linken Arm alles vom Tisch, und die Dinge fielen zu Boden. Im selben Augenblick kam ich mir unendlich dämlich vor. Also blieb ich die nächste halbe Stunde einfach bewegungslos sitzen.

Warum regte ich mich so auf? Warum war ich so wütend?

So peinlich es ist, das zuzugeben, aber ich war auf eine Art Power-Trip geraten. Das Ergebnis unserer Diskussion machte mir unmissverständlich klar, dass ich nicht so viel Macht besaß, wie ich dachte. Ich bekam nicht meinen Willen und daher einen Wutanfall.

Ist das nicht typisch für Zornausbrüche? Wir wollen schnell fahren und ärgern uns über die Autos, die die Spur blockieren. Wir wollen befördert werden, und wenn das nicht klappt, hassen wir denjenigen, der an uns vorbeigezogen ist. Wir wollen heiraten und werden wütend, weil wir noch ledig sind. Und vor allem wollen wir alle anderen plattmachen, um die Belohnungen des Lebens einzustreichen. C. S. Lewis sagt dazu:

Was wir als „Ehrgeiz" bezeichnen, ist der Wunsch, mehr auf-
zufallen oder erfolgreicher zu sein als andere. Es ist vollkom-
men okay, wenn wir gut tanzen oder hübsch aussehen wollen.
Das Konkurrenzdenken ist das Verkehrte daran. Wenn der
beherrschende Gedanke ist, besser zu tanzen oder hübscher zu
sein als andere, und wenn der Spaß vergeht, wenn andere
genauso gut tanzen oder genauso hübsch aussehen wie man
selbst, dann läuft etwas schief.[1]

Wohl wahr, oder? Schlimmstenfalls ist Macht eine Sünde des Verglei-
chens. Es reicht nicht, eine starke Führungspersönlichkeit zu sein; ich
will die *stärkste* sein. Es reicht nicht, eine hübsche Frau zu haben (oder
zu sein); ich will die *hübscheste* haben (oder sein). Es reicht nicht, auf der
Leiter hinaufzuklettern; ich will ganz oben auf der Leiter stehen. Es
reicht nicht, eine gute Mutter zu sein; ich will als die beste Mutter gelten. Es reicht nicht, ein guter Pastor zu sein; ich will als der beste Pastor
bekannt sein.

Dauernd müssen wir uns mit denen vergleichen, die mehr verdienen
und mehr Macht haben als alle anderen. Daher fallen so viele von uns
den leeren Versprechen von Macht und Kontrolle zum Opfer.

Die Droge Macht

Ich weiß nicht, ob es eine wirksamere, süchtiger machende Droge gibt
als die Macht. Ich hasse diese Droge, denn sie verhöhnt mich schon die
meiste Zeit meines Lebens wie eine Karotte, die man mir vor die Nase
hält. Ich hasse sie, denn ich habe schon viele Freunde gesehen, die ihr
Leben, ihre Ehe und ihre Karriere wegen dieses leeren Versprechens in
den Graben gefahren haben. Mir kommt sie zerstörerischer und verfüh-
rerischer vor als jeder andere falsche Gott.

Kürzlich las ich einen interessanten Artikel über Nick Binkley, den
stellvertretenden Vorsitzenden und Mitglied des Verwaltungsrats der

Bank of America. Gelinde ausgedrückt: Er verfügt über jede Menge Macht. Wegen bestimmter Zusammenlegungen beschloss Binkley, aus seinem Amt zu scheiden. Der plötzliche Übergang vom stellvertretenden Vorsitz einer der weltgrößten Banken zu einem Dasein ohne diesen Posten erwies sich als viel schwieriger, als er erwartet hatte. Jeffrey Pfeffer erzählt in seinem Buch *Macht* Binkleys Geschichte:

> *Wer in der Öffentlichkeit steht und Hochleistungen vollbringt, dem wird eine Intensität abverlangt, die nach Binkleys Worten ein „Koffeinhoch" erzeugt. Scheidet man aus einer solchen Stellung aus und ist von einem Tag auf den anderen nicht mehr auf diesem Niveau aktiv, ist das laut Binkley fast so „wie eine Vollbremsung bei 150 Stundenkilometern". Wenn der Adrenalinstoß endet, folgt eine starke physiologische Reaktion. Neben dem Absinken der Aktivität und der Intensität muss man auch verkraften, dass man nicht mehr umschmeichelter Mittelpunkt eines Universums ist, dem jeder Wunsch von den Lippen abgelesen wird, sondern wieder ein „normaleres" Leben führt und nicht mehr im Rampenlicht steht.[2]*

Binkleys Geschichte mag ein extremer Fall sein. Die meisten von uns verkehren nicht in solch elitären Kreisen. Doch in gewisser Weise können sich die meisten mit der süchtig machenden Lust an der Macht über Menschen und Ereignisse in unserem Leben identifizieren – und mit der schmerzlichen Enttäuschung, die mit dem Gefühl der Machtlosigkeit einhergeht.

Regen Sie sich beispielsweise auch auf, wenn andere Dinge nicht genau so machen, wie Sie es sich vorstellen? Fällt es Ihnen schwer, Regeln zu beachten, die andere aufstellen? Glauben Sie häufig, Sie wissen es besser? Wenn etwas schiefläuft, schieben Sie es gern auf andere? Fahren Sie oft aus der Haut, wenn etwas nicht in Ihrem Sinne läuft? Geht Ihnen bei Störungen und Pannen (Auto, Computer etc.) richtig der Hut hoch? Hat man Sie je auf das Problem hingewiesen, dass Sie gern das Sagen haben?

Wie Sie sehen, ist Macht nicht nur etwas, womit Geschäftsführer, Pastoren, Politiker und Manager zu kämpfen haben. Begehren Sie etwa die Macht, die mit einem dominanten Verhalten gegenüber einem anderen Menschen daherkommt? Oder vielleicht erstreben Sie eine bestimmte Führungsposition in der Gemeinde, im Beruf oder im privaten Umfeld. Tun Sie das wirklich, um anderen zu dienen, oder suchen Sie die Macht? Sie haben das große Verlangen, mit jemandem zu schlafen. Sind Sie wirklich von diesem Menschen angezogen – oder von der Macht zu wissen, Sie *könnten* mit ihm oder ihr schlafen, wenn Sie wollten?

Damit will ich nicht sagen, dass alle Streitgespräche oder der Kampf um eine Führungsposition oder selbst sexuelle Beziehungen mit einem schädlichen Machtrausch verbunden sind. Ganz und gar nicht! Wir erinnern uns, dass dem Mittelpunkt jedes Götzen, den wir verehren, ein gottgegebener Appetit zugrundeliegt. Ein Problem entsteht nur dann, wenn jemand oder etwas anderes als Gott ihn stillen soll. Das gilt auch für die Macht.

Mir wird mittlerweile klar, dass Menschen normalerweise nicht nach Macht streben, um kämpferische, ichbezogene Leute zu werden, sondern weil man einen gottgegebenen Appetit auf Bedeutsamkeit hat. Die meisten von uns sind so gestrickt, dass sie etwas bewegen wollen. Wir wollen, dass unser Leben von großer Bedeutung ist. Wir wollen, dass unser Leben etwas Wichtiges verkörpert. Und irgendwann fangen wir an zu glauben, alles im Griff zu haben, könnte dieses Verlangen tatsächlich stillen; Macht zu haben und sie auszuüben, würde aus uns Menschen machen, auf die es ankommt. Ab diesem Punkt wird aus unserem natürlichen und guten Streben nach Bedeutung etwas ganz anderes: Wir beginnen, dem Götzen der Macht zu huldigen – und dann ist der große Absturz vorprogrammiert.

Der große Absturz

Vor nicht allzu langer Zeit traf ich mich zum Frühstück mit Paul Stanley. Paul wirkt wie ein ganz durchschnittlicher Kerl, doch die vergangenen zwei Jahre waren für ihn alles andere als normal gewesen: Er hatte nämlich einen Blitzstart an die Spitze der politischen Szene unseres Bundesstaats hingelegt. Er hätte dort spielend leicht einer der mächtigsten Männer werden können.

Doch das alles kam abrupt zum Stillstand, als bekannt wurde, dass Paul eine Affäre mit seiner zwanzigjährigen Praktikantin hatte. Um alles nur noch schlimmer zu machen, hatte der Freund der jungen Frau versucht, 10 000 Dollar von Paul zu erpressen, wenn er die Geschichte samt anzüglicher Fotos geheim halten sollte. Paul kooperierte mit dem FBI, damit der Freund belangt werden konnte, doch die Inhaftierung und Verurteilung des jungen Mannes katapultierte die Geschichte in die Schlagzeilen der Nation. Innerhalb eines Tages wurde aus Paul Stanley, dem State Republican Senator und Vorsitzenden des Ausschusses für Handel, Arbeit und Landwirtschaft plötzlich Paul Stanley, Abschaum der Welt.

Heute gibt Paul Stanley zu, dass sein Streben nach Macht eine entscheidende Rolle bei seinem Niedergang spielte. „Ich habe Anerkennung und Aufmerksamkeit wie ein Schwamm aufgesogen", erzählte mir Paul. „Ich war von Politik angezogen, weil sie mich in die vorderste Reihe brachte. Ich konnte zum Telefon greifen, und innerhalb weniger Minuten sprach jeder CEO unseres Bundesstaates mit mir. Das fühlte sich gut an. Es ging nicht um mich, sondern um meine Position und die Macht, die damit einherging."

Auf die Frage, wann er wusste, dass er eine Affäre mit seiner Praktikantin haben würde, antwortete er: „Vom ersten Augenblick an. Macht bewirkt so etwas. Man denkt dann, man kann alles haben, was man will. Dass man über den Gesetzen steht."

Paul machte etwas durch, was Tim Keller „eine der großen Ironien der Sünde" nennt. Keller schreibt: „Es ist typisch für die Sünde, dass ein Mensch zunächst glaubt, er wäre Gott, um dann so tief zu stürzen, dass man ihn kaum noch als Menschen erkennen kann. Wer sein eigener Gott ist und für seine eigene Herrlichkeit und Macht lebt, läuft Gefahr, unmenschlich und grausam zu werden. Stolz kann einen Menschen in ein Raubtier verwandeln, das mit einem menschlichen Wesen nicht mehr viel gemein hat."[3]

Offenbar konnte die ungeheure Macht, die Paul Stanley angehäuft hatte, sein Kartenhaus nicht vor dem Einstürzen bewahren. Als der Skandal aufgeflogen war, erzählte er mir: „Ich fiel innerhalb einer Nacht von über 900 Stundenkilometern auf null. Als ich aufwachte und nicht mehr der Senator Paul Stanley war, war es so, als hätte man mir meinen Drink und mein Kokainbriefchen weggenommen. Ich hatte mich in der Macht meines Amtes und in der Aufmerksamkeit gesonnt. Jetzt machte ich einen schweren Entzug durch. Hat man Macht, kommen dauernd Leute und sagen einem, wie toll man doch sei, weil sie etwas von einem wollen. Das kann abhängig machen, bläht das Ego übermäßig auf, und man fängt an zu glauben: ‚Es dreht sich alles um mich.‘ Was hatte ich Freundschaften – unzählig viele!"

Weckruf

Die Bibel ist voller Menschen, deren Verehrung der Macht schließlich zu ihrem Sturz führte. Macht und Stolz wurden zur gleißenden Sonne, die sie blind machte für eine Unmenge Todesfallen. Eins meiner Lieblingsbeispiele stammt aus dem Alten Testament, aus dem Buch Daniel.

Was ich persönlich aus dem gesamten Buch mitnehme, ist der Gedanke, dass Gott immer das Ruder in der Hand hat – also nicht *wir*. Vielen von uns fällt es unwahrscheinlich schwer, das nicht nur zu glauben, sondern auch anzunehmen. Ich glaube, dass eine der größten Illusionen, denen wir uns hingeben, die Illusion der Kontrolle ist.

Das Buch Daniel konzentriert sich vor allem auf zwei Personen. Die erste ist Daniel, der in jungen Jahren von zu Hause entführt und bei einer verfeindeten Nation gefangen gehalten wird. Den ersten Teil seines Lebens verbringt er fast völlig machtlos. Die andere Person ist Nebukadnezar, Oberhaupt der Nation, die Daniel gefangen nimmt. Offenbar hatte er so viel Macht und Kontrolle, wie ein einzelner Mensch nur haben kann.

In vielerlei Hinsicht führt König Nebukadnezar das Leben, das auch viele von uns sich wünschen: ein Leben mit Riesenerfolg, unendlichem Wohlstand und reichlich Macht. In Zeitschriften wie *Gala* oder *Bunte* lesen wir darüber und denken: *So ein Leben möchte ich auch mal ausprobieren.* Doch der Zugang zu all dieser Macht konnte König Nebukadnezar nicht vor Problemen bewahren:

> *In seinem 2. Regierungsjahr hatte König Nebukadnezar einen Traum, der ihm solche Sorgen machte, dass er nicht mehr einschlafen konnte. Da ließ er seine Berater rufen, alle Wahrsager, Geisterbeschwörer, Zauberer und Sterndeuter, damit sie ihm seinen Traum erklärten. (Daniel 2,1-2)*

Ist es nicht interessant, dass der mächtigste Mann Babylons so besorgt war, dass er nicht schlafen konnte? So ging es mir in schwierigen Zeiten auch immer. Normalerweise gab es dann ein Problem in meiner Ehe oder bei der Arbeit, das ich nicht im Griff hatte, was mir Angst machte. Ich bin mir sicher, dass das auch Nebukadnezars Knackpunkt war.

Seine Träume waren für Nebukadnezar ein wichtiges Thema. Wir wollen die Geschichte in ihren Kontext einbetten, damit wir verstehen, was in dem König vorging. Damals war es weithin anerkannt, dass Götter durch Träume und Visionen zum König sprachen. Daher erachtete man die Deutung dieser Träume auch für so wichtig. Herrscher hatten Astrologen und Ratgeber, deren gesamte Aufgabe darin bestand, bei der Traumdeutung mitzuwirken. Als Nebukadnezar einen beunruhigenden Traum gehabt hatte, bestellte er also die besten Traumdeuter ein und vergewisserte sich, dass sie verstanden, was auf dem Spiel stand:

> *Als sie sich beim König versammelt hatten, begann er: „Ich habe etwas geträumt, das mir sehr zu schaffen macht. Nun*

möchte ich wissen, was es damit auf sich hat." Da antworteten die Sterndeuter auf Aramäisch: „Lang lebe der König! Erzähl uns, deinen ergebenen Dienern, den Traum, dann wollen wir ihn deuten!" Aber der König entgegnete: „Nein, erzählt ihr mir, was ich geträumt habe, und erklärt es mir! Wenn ihr das nicht könnt, lasse ich euch in Stücke hauen und eure Häuser in Schutt und Asche legen. Niemand bringt mich davon ab. Doch wenn ihr meinen Traum herausbekommt und ihn deuten könnt, beschenke ich euch reich und lasse euch große Ehre zuteilwerden. Beschreibt ihn mir also, und erklärt ihn!" (Daniel 2,2-6)

Können Sie sich den Blick der Astrologen vorstellen, als sie das hörten? Es geht doch nichts über eine unmögliche Aufgabe am frühen Morgen. Und genau das sagten sie dem König auch – dass niemand einen Traum deuten könne, ohne den Traum zu kennen.

Hört sich doch ganz vernünftig an, oder? Doch Nebukadnezar war an diesem speziellen Tag in keiner vernünftigen – oder gnädigen – Stimmung. Er ordnete an, die Hinrichtung durchzuführen. Er wollte tatsächlich alle weisen Männer seines Königreichs töten.

Worüber war er so wütend? Das erschließt sich erst, wenn man versteht, wofür diese Träume in Nebukadnezars Augen standen. Sie waren eine aufwühlende Erinnerung, dass es manches gibt, was auch der mächtigste Mensch der Erde nicht im Griff hat. Und wenn sich ein Verehrer der Macht an den Grenzen seiner Herrschaft die Nase blutig schlägt, haben alle zu leiden.

Warnhinweise am Abhang

Wie in diesem Kapitel bereits erwähnt, habe ich schon mein Leben lang mit dem Verlangen nach Macht zu kämpfen. Ich bin gern am Ruder. Ich setze gern meinen Kopf durch. Mir gefällt das Gefühl, Einfluss auf

Menschen und Ereignisse zu haben. Und mir gefällt es definitiv nicht, mich hilflos oder unzulänglich zu fühlen. Man könnte gewissermaßen sagen, ich habe ein Dominanzproblem, das schon mein ganzes Leben lang mein Verhalten beeinflusst.

Als ich noch klein war, habe ich mich gegen meine jüngere Schwester durchgesetzt. Später äußerte sich meine Dominanz gegenüber meinen Freunden, danach bei meinen Kollegen und in meiner Familie. Häufig sehne ich mich danach, Macht über den Ausgang von Ereignissen zu haben.

Aber vielleicht ist das auch ziemlich normal. Uns allen gefällt das Gefühl, dass wir mitbestimmen können, was in unserem Leben geschieht. Wir alle gewinnen gerne, bewegen gerne etwas, machen etwas Bedeutendes, damit andere zu uns aufschauen. Woher wissen wir also, ob unser Streben nach Bedeutung sich in die Verehrung eines falschen Gottes verwandelt hat, dass wir den steilen Hang hinabrutschen und Macht zu hoch schätzen?

In meinem eigenen Leben konnte ich bisher zwei Warnsignale ausmachen:

Meiden von Misserfolgen

Wenn wir zulassen, dass Machtstreben zu unserer Priorität wird, beziehen wir darüber mehr und mehr unsere Identität. Folglich geben wir unser Bestes, um jedes Anzeichen von Schwäche zu verbergen – all das, was darauf hindeuten könnte, dass wir nicht die Befehle gebende, zuständige Person sind, die wir doch unbedingt sein wollen.

Das kommt bei mir auf vielfache Weise zum Vorschein. Meine Auseinandersetzungen mit Brandi werden länger und heftiger, weil ich nicht nachgeben kann. Ich verliere die Beherrschung, wenn ich mich durch Situationen oder Gespräche unzulänglich fühle. Ich explodiere, wenn Dinge nicht so funktionieren, wie ich es erwarte. (Es gibt nichts Komischeres als einen erwachsenen Mann, der ein Unkrautvernichtungsmittel anbrüllt!)

Ein weiteres untrügliches Zeichen, dass meine Einstellung zu Macht aus dem Gleichgewicht geraten ist: Ich tue alles, um Misserfolge zu vermeiden. Die schiere Aussicht, nicht zu gewinnen, erfüllt mich mit lähmender Angst. Manchmal merke ich, dass ich mich noch stärker und verzweifelter bemühe, um jeden Preis erfolgreich zu sein. Dann wieder erstarre ich und vermeide es, überhaupt ein Risiko einzugehen.

Vor fast zwei Jahren hatte ich die Möglichkeit, mein erstes Buch – „Plan B" – zu schreiben. Ich hatte zwar das Gefühl, Gott würde diese Idee befürworten, und auch mein Verlag hatte mir grünes Licht gegeben, doch ich rang damit, tatsächlich mit dem Schreiben zu beginnen. Ich schob es auf die gaaanz lange Bank. Es gab immer anderes zu tun. Mich an den Rechner zu setzen und zu schreiben, war das Letzte, was ich tun wollte.

Warum hatte ich solche Probleme? Der Hauptgrund war, dass ich schreckliche Angst vor dem Scheitern hatte. Mich verfolgte der Gedanke, dass mein Buch abgelehnt werden könnte, dass niemand es kaufen würde, dass ich zur Lachnummer der schreibenden Zunft würde und den Respekt meiner Kollegen und Freunde und meiner Glaubensgemeinschaft verlieren könnte. Die schiere Möglichkeit dieser Szenarien ließ mich erstarren. Warum waren sie so Furcht einflößend? Weil sie den (eingebildeten) Verlust von Einfluss und meiner Identität als geschätztes und erfolgreiches Mitglied der Gesellschaft bedeutet hätten. Mit anderen Worten: Meine Schreibblockade war in Wirklichkeit ein Machtproblem. Meine Götzenverehrung am Altar der Macht hatte mich gelähmt.

So etwas kann jedem ganz leicht passieren. Irgendwann dreht sich unser Leben mehr darum, nicht zu versagen, anstatt das zu werden und zu tun, wozu Gott uns beruft. Wir haben solche Angst, unsere Identität als „mächtige" Menschen zu verlieren, dass wir nicht bereit sind, die Risiken zu übernehmen, die Gott uns zutraut.

Eine der größten Herausforderungen ist es dann, uns Gottes Macht anzuvertrauen. Diese Erkenntnis hielt Paulus in 2. Korinther 12,9 fest, wo er sich in seiner eigenen Angst an ein Wort des Herrn erinnert: „Aber [Gott] hat zu mir gesagt: ,Verlass dich ganz auf meine Gnade!

Denn gerade wenn du schwach bist, kann ich meine Kraft besonders an dir zeigen.' Darum will ich vor allem auf meine Leiden und meine Schwäche stolz sein. Dann nämlich wirkt die Kraft Christi an mir."

Das ist eine Entscheidung, die wir alle zu treffen haben – und die besonders herausfordernd ist für die, die gern selbst alles im Griff haben wollen. Ist es nicht viel erstrebenswerter, die wahre Kraft zu erhalten, die von Christus kommt, wenn wir demütig mit ihm leben und gehen?

Zurückweisen von Korrekturen

Korrekturen zurückzuweisen ist das zweite Warnsignal, wenn ich Gefahr laufe, Macht in meinem Leben zu wichtig zu nehmen. Dann werde ich ungeduldig und aufsässig gegenüber den Regeln und Abläufen, die andere mir vorgeben, und denke: Es gibt einen besseren Weg, und dieser bessere Weg ist immer meiner!

Eine der sichersten Methoden zu erkennen, dass der überzogene Drang nach Macht sich in unserem Herzen ausbreitet, ist, Fehler nicht zugeben zu können und sich zu weigern, Rechenschaft abzulegen. Das sage ich aus eigener Erfahrung, denn wenn Macht und Einfluss eines Menschen zunehmen, neigt er verstärkt dazu, sich zurückzuziehen und keine Rechenschaft ablegen zu wollen. Er hat dann das Gefühl, über allen anderen zu stehen, wichtiger zu sein, mehr Verantwortung zu haben und mehr zu wissen. *Mir soll bloß niemand in die Quere kommen oder mich infrage stellen!*

Diese Dynamik gab es auch in der Geschichte von König Nebukadnezar. Er rief einige Ratgeber zu sich, die sich zu seinem Traum äußern sollten. Doch kaum gaben sie ihm Antwort, wollte er sie nicht hören und beschloss sie zu töten.

Wenn es uns schwerfällt, uns von unserem Ehepartner, Freund, Lehrer oder Chef korrigieren zu lassen, haben wir sehr wahrscheinlich ein Dominanzproblem. Schon in Sprüche 15,12 heißt es: „Ein Hochmütiger will nicht ermahnt werden, darum meidet er den Umgang mit klugen Menschen."

Teilweise liegt der Grund, warum wir kluge Menschen nicht um Rat fragen oder nicht auf unsere Mitmenschen hören, darin, dass wir meinen, niemand sei so klug wie wir. Sich von jemandem korrigieren zu lassen, bedeutet, dem anderen Macht zuzugestehen – eine beängstigende Aussicht für jemanden, der Tonangeber sein muss, damit seine Welt in Ordnung ist.

Die Illusion der Kontrolle

Oft stelle ich mir Kontrolle wie einen Kreis vor: Je mehr Macht ich erlange, desto weiter wird der Kreis und desto mehr Dinge sind unter meiner Hand. Jedem ist klar, dass es gewisse Dinge gibt, die er im Griff hat, und andere, die er eben nicht im Griff hat. Doch je mehr Macht wir bekommen, desto mehr weitet sich unserer Auffassung nach unser Machtbereich.

Vielleicht meinen Sie, der Bereich schließt Ihre Familie oder Ihr Berufsleben oder Ihre Finanzen ein. Vielleicht meinen Sie, wenn Sie nur etwas mehr Macht hätten, würde sich Ihr Machtbereich sogar auf Ihre Zukunft erstrecken. Leider ist das eine Illusion – und zwar eine gefährliche.

Ich habe einen Freund namens Grant, den ich vor etlichen Jahren auf einer Gemeindeversammlung kennengelernt habe. Ich würde ihn nicht unbedingt als engen Freund bezeichnen, aber gelegentlich essen wir zusammen zu Mittag. Aus irgendeinem Grund hatte ich den Eindruck, dass Gott mich zu einer Freundschaft mit Grant bewegen wollte. Ehrlich gesagt war ich darüber nicht allzu erfreut, denn Grant macht es einem nicht gerade leicht.

Vor einigen Jahren erhielt ich mitten in der Nacht einen Anruf. Als ich endlich das Telefon ertastet hatte, erkannte ich auf dem Display Grants Nummer. Noch etwas verwirrt murmelte ich mit meiner Zwei-Uhr-morgens-Stimme etwas wie eine Begrüßung in den Hörer. Grant hatte mich zwar schon manchmal auf dem Handy angerufen, um einen

Termin abzustimmen, aber ich konnte mich nicht erinnern, dass er mich je zu Hause angerufen hätte.

Ich bemerkte sofort, dass Grant ziemlich aufgebracht war. Er weinte und brachte keinen klaren Satz heraus, was vermuten ließ, dass er getrunken hatte. Nachdem er etwa zwei Minuten lang wirres Zeug geredet hatte, legte er auf. Besorgt versuchte ich zurückzurufen, doch er nahm nicht ab.

Am nächsten Morgen rief Grant endlich zurück, und wir vereinbarten, am Nachmittag zusammen essen zu gehen. Bei Sandwiches und Suppe erzählte ein sehr müde wirkender Grant aus seinem Leben.

Grant als machthungrigen Kontrollfreak zu bezeichnen, wäre eine starke Untertreibung. Er hatte eine Versicherungsgesellschaft gegründet und war dafür bekannt, als Chef boshaft und herrisch zu sein. Seine Mitarbeiter lebten Tag für Tag in ständiger Furcht davor, wie er auf ihre Leistung reagieren würde, die nie seine Zustimmung zu finden schien. Er erzählte eine Geschichte nach der anderen, wie er sich strategisch so positioniert hatte, dass ihm in der Arbeitshierarchie immer mehr Macht zufiel.

Zu Hause lief es mehr oder weniger genauso ab. Grant hatte zwei Kinder – eine zwölfjährige Tochter und einen zehnjährigen Sohn. Die Beziehung zu den beiden konnte man bestenfalls strapaziert nennen. Sein Sohn hatte ihn kürzlich gebeten, nicht mehr bei seinen Baseballspielen aufzutauchen. Wenn Grant dabei war, empfand der Junge einen zu großen Druck. Beim letzten Spiel hatte Grant seinen Sohn offenbar von der Spielerbank gerufen, ihn am Arm gezerrt und beschimpft, er sei ja peinlich und wenn er es nicht ernsthafter versuche, müsse er eben damit aufhören.

Doch Grant hatte mich nicht wegen seiner Arbeit oder seiner Kinder mitten in der Nacht angerufen. Der wahre Auslöser für unser Treffen war, dass seine Frau Cindy ihm eröffnet hatte, ihn zu verlassen. Er war abends um zehn nach Hause gekommen, wo sie auf ihn gewartet hatte. In einer gut einstudierten, emotionslosen Ansprache verkündete sie ihm, dass sie und die Kinder am kommenden Wochenende ausziehen würden. „Fünfzehn Jahre lang habe ich deine dominanten, manipulativen Machtspiele mitgemacht, aber jetzt habe ich sie satt", sagte sie. „Ich habe den emotionalen Missbrauch satt. Ich habe es satt, eine Figur auf deinem Spielbrett zu sein. Ich habe es so satt."

Grants Jagd nach Macht über sein Leben hatte die Menschen, die ihm am nächsten standen, immer weiter weggetrieben. Durch seinen Wunsch, seinen Kontrollbereich auszuweiten, hatte er sich die Chance verbaut, den Menschen, die ihm am Herzen lagen, emotional nah zu sein. Er war den leeren Versprechen erlegen, über die so viele von uns stolpern – die Lüge, dass mehr Macht unseren Kontrollbereich erweitert.

Manchmal treten Ereignisse ein – wie bei mir mit den Ältesten, Nebukadnezar mit seinem Traum, Grant mit seiner Familie oder Paul mit seiner Affäre –, die uns schlagartig bewusst machen, was wir alle irgendwie wissen (jedoch nur äußerst ungern zugeben): dass unser Kontrollbereich viel kleiner ist, als wir je erwartet hätten. Macht mag zwar die *Illusion* von Kontrolle aufblähen, aber sie bringt nicht *mehr* Kontrolle. Sie kann vieles in unserem Leben kaputt machen.

Die Alternative

Wir kommen zurück zu unserer Geschichte aus dem Buch Daniel. Als mehrere Ratgeber Nebukadnezars Traum nicht deuten konnten, beschloss der König, *all* seine Ratgeber umzubringen – und Daniel gehörte dazu. Zum Glück hatte Daniel ein viel besseres Verständnis von Macht als Nebukadnezar. Also wandte er sich an die Quelle wahrer Macht.

Als Daniel davon erfuhr, wandte er sich an Arjoch, den Befehlshaber der königlichen Leibwache, der schon die Hinrichtungen vorbereitete. Er überlegte jedes Wort genau und fragte ruhig: ‚Warum hat Nebukadnezar einen solch harten Befehl erteilt?‘ Arjoch erzählte ihm, wie es dazu gekommen war.

Sofort ging Daniel zum König und bat ihn: ‚Gib mir etwas Zeit, dann werde ich dir deinen Traum deuten.‘ Zu Hause erzählte er alles seinen Freunden Hananja, Mischaël und Asarja. ‚Bittet den Gott des Himmels um Gnade‘, sagte er zu ihnen, ‚fleht zu ihm, dass er mir anvertraut, was sich hinter diesem Geheimnis verbirgt! Sonst werden wir zusammen mit den anderen Beratern des Königs umgebracht!‘ In der Nacht hatte Daniel eine Vision und erfuhr, was der Traum bedeutete. Da pries er den Gott des Himmels. (Daniel 2,14-19)

Wie tapfer war es von Daniel hinzugehen und zu sagen: „Ich glaube, mein Gott kann das." Und tatsächlich: In der Nacht antwortete Gott ihm. Gott zeigte sich und offenbarte Daniel das Geheimnis.

Im weiteren Verlauf der Geschichte deutete Daniel dem König den Traum. Daraufhin hob Nebukadnezar nicht nur den Hinrichtungsbefehl auf, sondern er fiel auf die Knie und lobte Daniels Herrn, den Gott des Himmels. Für einen Augenblick merkte der König, dass seine Verehrung der Macht eigentlich eine Sackgasse war und ihm nicht das geben würde, was er sich erhofft hatte. Macht war vielmehr ein leeres Versprechen, das ihm Schmerz und Verzweiflung bereitet hatte.

Nebukadnezar hatte die Chance, seine Hand nicht mehr gierig nach der Macht auszustrecken. Leider ergriff er sie nicht. Wieder und wieder missbrauchte er seine Macht, um sich gut zu fühlen, und bestrafte jeden, der sich gegen ihn stellte, bis Gott gezwungen war, ihn niederzuringen. Und was für ein Niedergang das war! Nebukadnezar verlor den Verstand, ihm wurde alle Macht entrissen, und er lebte sieben Jahre lang im Freien wie ein Tier. All das war nötig, damit Nebukadnezar demütig wurde und sich von dem leeren Versprechen der Macht abwandte.

Was für ein Unterschied zwischen diesem eigensinnigen, machthungrigen König und Daniel, der vom Gefangenen zum Ratgeber wurde. Von Beginn an lebte Daniel eine vollkommen andere Vorstellung von Macht vor. Hören Sie nur, wie er betet:

„Gelobt sei Gott, jetzt und in alle Ewigkeit! Ihm allein gehö-
ren Macht und Weisheit. Er ist der Herr der Zeit und be-
stimmt, was wann geschieht; er setzt Könige ab und überlässt
anderen ihren Thron. Den Weisen schenkt er ihre Weisheit
und den Verständigen ihren Verstand!" (Daniel 2,20-21)

Mir gefällt es sehr, dass Daniel nicht nach seiner eigenen Macht strebte
oder sie bestätigte. Ganz im Gegenteil. Er lobte einfach Gott und erkannte an, dass alle Macht Gott gehört. Und damit zeigte er, was passieren
kann, wenn wir nicht unseren eigenen Kontrollbereich erweitern, sondern Platz schaffen für den Gott, der alle Macht hat, sein Werk in uns zu
vollbringen. Genau darüber schrieb König David in Psalm 91,1-2:

Wer unter dem Schutz des Höchsten wohnt, der kann bei
ihm, dem Allmächtigen, Ruhe finden. Auch ich sage zu Gott,
dem Herrn: „Bei dir finde ich Zuflucht, du schützt mich wie
eine Burg! Mein Gott, dir vertraue ich!"

Wenn wir unsere Gedanken darauf richten, Gott zu erheben statt uns
selbst, können wir in seinem Schatten Zuflucht finden. Während uns
die Schatten unserer Probleme, Fragen und Konflikte bedrückend und
überwältigend vorkommen, eröffnet Gottes Schatten eine ganz neue
Welt für uns – eine Welt, in der wir uns ausruhen dürfen.

Abend und Morgen

Die alten Hebräer haben die Struktur eines Tages ganz anders gesehen
als wir: Nach dem Gesetz des Mose begann ein Tag bei Sonnenunter-
gang, nicht bei Sonnenaufgang. Das ist doch so ziemlich das Gegenteil
unserer Vorstellung, oder? Denken Sie nicht auch, der Tag beginnt bei
Sonnenaufgang, wenn Sie aufstehen und Ihr Tagwerk anpacken?
 Doch betrachten Sie einmal dieses Beispiel aus 1. Mose: „Wieder wur-

de es Abend und Morgen: Der vierte Tag war vergangen" (1. Mose 1,19). Auch hier wird davon ausgegangen, dass der Tag mit dem Abend beginnt, nicht mit dem Morgen.

Mir gefällt dieser Gedanke. Sie mögen zwar meinen, dass es darauf nicht ankommt, aber denken Sie doch einmal über die Auswirkungen dieser Annahme nach. Mir hilft sie, die gesamte Machtfrage zu relativieren.

Der Tag beginnt nicht, wenn *wir* aufstehen und uns fertigmachen, denn er ist nicht abhängig von unserem Denken, Handeln und Mitwirken. Vielmehr beginnt er am Abend, wenn *wir* zur Ruhe kommen und schlafen gehen. Und während wir schlafen, hält Gott Wache. Er schläft nicht. (Und wir sehen: Das Universum kommt manchmal auch ganz gut ohne uns klar.)

Wenn das für die Nacht gilt, gilt das auch für den Tag. Das bedeutet, dass wir unseren Stress, unsere Probleme, unsere Angst und unsere Unsicherheit loslassen können. Wir müssen nicht die Verantwortung für alles tragen, denn wir haben einen Gott, der uns Rückendeckung gibt. Er kümmert sich um alles, und dafür brauchen wir nur eines zu tun: Wir müssen ihm unser Leben anvertrauen.

Nicht wie ich will

Tränen stiegen ihm in die Augen, als mein Freund Paul, der frühere Senator, mir von dem Abend erzählte, an dem sich alles zu ändern begann und er Gottes Macht in seinem Leben spürte wie nie zuvor:

„Es war ein paar Wochen, nachdem meine Geschichte herausgekommen war und sich im ganzen Land verbreitet hatte. Ich wohnte im Haus eines Freundes. Das Haus war zum Verkauf angeboten und stand – bis auf einige Möbelstücke – völlig leer. Ich lag mit dem Gesicht nach unten auf dem nackten Boden und rief nach Gott. Betend und weinend schlief ich ein, und als ich aufwachte, fing ich wieder an zu weinen. Ich konnte nicht vom Boden aufstehen. Ich machte die Verwandlung durch von einem arroganten Mann, der versuchte, in der Politik zu herrschen, zu einem gebrochenen, ergebenen Mann, der mit dem Gesicht in der Pfütze seiner eigenen Tränen lag. Ich war endlich bereit, mich zu ergeben. Ich musste die Fänge der Macht durch Gottes Liebe und Gnade ersetzen. Das ist nicht dasselbe Gefühl, das mir mein falscher Gott gegeben hatte; der Herr gab mir etwas, das ich nicht von der Macht bekommen konnte. Er schenkte mir wahres Angenommensein, Vergebung und die Möglichkeit, mein Leben für ihn zu leben. Ich wusste nicht, was Gnade wirklich bedeutete, bis meine kleine Welt und all meine Götzen einstürzten."

Ich finde es interessant, dass Paul schließlich das, was er suchte, im machtlosesten Augenblick seines Lebens fand. In diesem Augenblick wurde er dauerhaft erfüllt. Er war demütig und wurde neu belebt, als er seinen Machtgötzen abgab und sich dem Gott der wahren Macht hingab.

In der Geschichte von Daniel finden wir dasselbe Paradox. Nebukadnezar schien alle Macht auf sich zu vereinen. Er allein traf Entscheidungen und befehligte andere Menschen. Und doch war er besorgt, gestresst und verängstigt. Dann überließ sich Daniel, der scheinbar keine Macht, keine Kontrolle besaß, einfach Gottes Willen und rettete dadurch Leben.

Auch im Leben eines anderen war vollständige Hingabe der Wendepunkt. Erinnern Sie sich an diese Situation mit Jesus im Garten Gethsemane?

Dann ging Jesus mit seinen Jüngern in einen Garten, der Gethsemane heißt. Dort bat er sie: „Setzt euch hier hin, und wartet auf mich! Ich will ein Stück weiter gehen und beten." Petrus, Jakobus und Johannes nahm er mit. Tiefe Traurigkeit und Angst überfielen Jesus, und er sagte zu ihnen: „Ich zerbreche beinahe unter der Last, die ich zu tragen habe. Bleibt bei mir, und wacht mit mir!" Jesus ging ein paar Schritte weiter, warf sich nieder und betete: „Mein Vater, wenn es möglich ist, so bewahre mich vor diesem Leiden! Aber nicht was ich will, sondern was du willst, soll geschehen." Dann

kam er zu den drei Jüngern zurück und sah, dass sie einge-
schlafen waren. Er weckte Petrus und rief: „Könnt ihr denn
nicht eine einzige Stunde mit mir wachen? Bleibt wach und
betet, damit ihr der Versuchung widerstehen könnt. Ich weiß,
ihr wollt das Beste, aber aus eigener Kraft könnt ihr es nicht
erreichen.“ Noch einmal ging er ein Stück weg, um zu beten:
„Mein Vater, wenn mir dieses Leiden nicht erspart bleiben
kann, bin ich bereit, deinen Willen zu erfüllen!“ (Matthäus
26,36-42)

Das ist ein Gebet der Hingabe: „Nicht was ich will, sondern was du willst.“ Anders ausgedrückt: „Hier bin ich – hier bin ich ganz. Ich gebe dir mein Verlangen nach Macht und Kontrolle, mein Recht darauf, dass alles nach meinem Willen läuft.“

Komischerweise war das vielleicht der machtvollste Augenblick in Jesu Dienst auf der Erde. Er beinhaltet mehr Macht, als die Menschenmengen zu speisen; mehr Macht, als die Blinden und Tauben zu heilen; mehr Macht, als Wind und Wellen durch sein Wort zu stillen; mehr Macht, als Lazarus aus dem Grab aufzuwecken.

Auch uns steht diese lebensverändernde Kraft offen, wenn wir bereit sind, zu Gott zu sagen: „Ich gebe meinen Drang nach Macht auf und gebe mich dir ganz hin.“ Es gibt einen allmächtigen, liebenden Gott – und wir sind es nicht.

Es lohnt sich, darüber nachzudenken. Wo müssen Sie lernen zu sagen: „Nicht was ich will, sondern was du willst“? Wo müssen Sie sich vor der Verehrung falscher Götter zurückziehen und Gott neu hingeben? In einer Situation bei der Arbeit? In Ihrer Ehe? Bei einem Problem mit Ihren Kindern, Ihren Eltern oder Ihren Geschwistern? In der Freundschaft mit einem geschätzten Menschen?

Lassen Sie los

Vor nicht allzu langer Zeit fuhr ich mit meinen drei Jungen in einen Freizeitpark in Indiana. Der Sommer neigte sich dem Ende zu, und ich genoss es, die Jahreszeit so ausklingen zu lassen. Mein ältester Sohn Jett ist mittlerweile alt genug – und endlich auch groß genug –, um mit mir in die Achterbahn zu steigen. Ich mache das unheimlich gerne und freute mich sehr, dass mein Sohn mitfahren konnte.

Allerdings war er nicht ganz so begeistert – zumindest anfangs. Ich musste ihn lange überreden, bis er mit mir in die größte Holzachterbahn des Parks stieg. Er klammerte sich mit seiner Hand an meinem Bein fest, kniff die Augen fest zu und brachte so die erste Fahrt seines Lebens hinter sich. Ich überredete ihn zu einigen weiteren Fahrten, und wir hatten richtig Spaß.

Im Laufe des Tages probierten wir noch so manches Fahrgeschäft aus. Kurz bevor wir abends gehen wollten, schlug ich Jett vor: „Lass uns doch noch mal mit der ganz großen fahren."

Jetzt war er schon viel mutiger. „Au ja!"

„Diesmal habe ich eine Überraschung für dich", sagte ich. „Wir fahren ganz vorne mit. Das ist der allerbeste Platz."

Er wirkte unsicher, aber ich wusste, dass es ihm gefallen würde. Also stellten wir uns an, und irgendwann war es so weit, dass wir uns auf der vordersten Bank angurteten. Die Bahn fuhr an, und ich sah zu Jett hinüber. „Da ist noch etwas, mein Kleiner, was ich vergessen habe, dir zu sagen", meinte ich. „Wenn man ganz vorne sitzt, gilt die Vorschrift, dass man die ganze Zeit die Hände nach oben streckt."

Mit großen Augen sah er mich an. „Echt, Papa?"

Ich verkniff mir ein Lächeln und antwortete rasch: „Ja, so lautet die Vorschrift."

Also hob er die Hände in die Luft und versuchte, die „Vorschrift" zu befolgen. Als sich die Bahn bergauf mühte, hielt er die Hände gen Himmel. Doch kaum hatten wir den Gipfel erreicht und stürzten den Hang hinunter, hielt er sich um des schieren Überlebens willen am Bügel fest. Unten angekommen, gingen seine Hände wieder hoch. Doch in jeder

Kurve oder Neigung waren die Hände wieder unten. Das war sehr unterhaltsam zu beobachten.

„Na, was meinst du?", fragte ich Jett, als wir ausstiegen.

Ohne zu zögern antwortete er: „Papa, ich glaube, das gefällt mir überhaupt nicht."

„Nein?"

„Nein. Ich habe meine Hände nicht gern in der Luft." Dann sagte Jett etwas, das ich nie vergessen werde: „Als ich die Hände oben hatte, fühlte ich mich nicht sicher."

Ich finde es interessant, dass erhobene Hände international als Zeichen der Ergebung verstanden werden. Wenn Sie Ihre Hände heben, egal, wo auf der Welt, bedeutet es immer dasselbe: Ich ergebe mich.

Ich wüsste nicht, dass sich jemand gerne ergäbe. Es bedeutet, freiwillig Macht und Kontrolle abzugeben, was den meisten von uns Angst macht. Sich ergeben bedeutet den Verlust an Sicherheit. Und doch sehen wir, dass es für Daniel und Jesus und zahllose andere ein Wendepunkt war. Und auch heute kann es ein Wendepunkt in unserem Leben sein.

Einer meiner Lieblingsverse der Bibel steht in Psalm 46,11: „Seid stille und erkennet, dass ich Gott bin!" (L)

Das hebräische Wort für „seid still" bedeutet wörtlich: „Lasst los." Wir sollen aufhören mit den menschlichen Bemühungen.

Seid still und lasst euer eigenes Verstehen los.

Seid still und lasst euer eigenes menschliches Bemühen los.

Seid still und lasst euren Wunsch nach mehr Macht und Kontrolle los.

Seid still.

Seid still und lasst euch erinnern, dass ihr endlich seid – doch Gott ist unendlich.

Seid still und lasst Gott an den intimsten Stellen eures Lebens Gott sein. Denn letztlich ist das die einzige Macht, die alles verändert.

Kapitel Sechs

Mehr als nur Geld?

15. Februar, 3.02 Uhr, Kalkutta, Indien. Ich versuche zu schlafen, doch daheim in Nashville ist es erst 14.32 Uhr und mein Körper etwas durcheinander. Außerdem lässt mich eine Frage nicht los.

Wir hatten den vierten Tag einer Missionsreise in die Slums von Indien hinter uns gebracht. Ich leitete ein Team aus unserer Gemeinde. Es war meine dritte Reise in nur zwei Jahren, doch was ich an diesem Tag gesehen und erfahren hatte, schockierte mich so tief greifend, als hätte ich zum ersten Mal Ungerechtigkeit miterlebt.

Den Großteil des Tages hatten wir im Slum von Khalpar verbracht, wo wir am Aufbau einer Schule und eines Ernährungszentrums arbeiteten. Wir hatten Hütten besucht und geschaut, ob wir die Bewohner irgendwie unterstützen könnten. Ein Unterschlupf war noch heruntergekommener als die anderen Hütten. Eigentlich war er lediglich aus zerrissenen Tüchern zusammengezimmert, die aneinandergeklebt und mit sechs, sieben klapprigen Stöcken aufgerichtet worden waren.

Die Familie, die dort lebte, bat uns herein. In einem Topf über dem Feuer brodelte es. Mit drei oder vier Leuten aus dem Team und einer Dolmetscherin nahm ich dort Platz; dazu quetschten sich der Mann, die Frau und die drei Kinder in dieses Behelfszelt, das sie ihr Zuhause nannten. Das Bett in der Ecke bestand aus einem weggeworfenen Stück Sperrholz und mehreren Schichten schmutziger, zerrissener Decken. In den Ecken des Zeltes lagen kleine Stapel schäbiger Kleidung – nicht genug für einen Wochenendausflug meiner drei Jungs, doch für die Familie alles an Kleidung, was sie besaß.

Ich fragte den Vater, womit er seinen Lebensunterhalt verdiente. Die Dolmetscherin gab meine Frage weiter, wartete die Antwort ab und erzählte dann: „Wenn er Arbeit bekommt, zieht er eine Rikscha, doch das passiert nur sehr unregelmäßig." Die Dolmetscherin erläuterte weiter, dass das ein sehr anstrengender Job sei, bei dem die Arbeiter den ganzen Tag über nur wenige Pausen machen dürften. Der Vater arbeitete drei bis vier Tage die Woche und erzielte etwa vierzig Cent pro Tag.

Danach fragte ich die Mutter, was sie machte, und erfuhr, dass sie als Dienstmädchen bei einer wohlhabenden Familie in Kalkutta arbeitete. Jeden Tag legte sie zwei Stunden zu Fuß bis zu ihrem Arbeitsplatz zurück. Nachdem sie den ganzen Tag Wäsche gewaschen, Böden gewischt und weitere Knochenarbeit erledigt hatte, lief sie die zwei Stunden wieder nach Hause. Auch sie bekam weniger als vierzig Cent pro Tag.

Die Kinder benahmen sich außerordentlich gut. Wahrscheinlich hatten sie sich ähnliche Mahnungen anhören müssen wie meine Kinder, wenn wir Besuch bekommen; doch aus irgendeinem Grund waren diese Kinder richtig bei der Sache. Das jüngste, ein etwa dreijähriges Mädchen, kletterte sogar auf meinen Schoß. Seine braune Haut und sein dunkles Haar standen in wunderbarem Gegensatz zu seinen tiefblauen Augen; der Schmutz in seinem Gesicht konnte nicht verbergen, dass es eins der hübschesten Kinder war, das ich je gesehen hatte.

Um die etwas unbehagliche Stimmung aufzulockern, fragte jemand aus der Gruppe, was denn da über dem Feuer koche. Der Familienvater wurde merklich unruhig und sprach lange mit der Dolmetscherin.

Schließlich erklärte sie: „Der Vater sagt, heute Abend gibt es Erdplätzchen."

„Was ist das?", fragte ich.

Sie erläuterte, dass „Erdplätzchen" buchstäblich das seien, wonach sie klingen – Erde mit etwas Öl vermischt. Sie erklärte weiter, dass diese Erdplätzchen zwar kaum einen Nährwert hätten, aber den quälenden Hunger dämpfen würden.

Mir zerriss es das Herz. Ich sah dem kleinen Mädchen auf meinem Schoß in die blauen Augen und verlor die Fassung.

Krampfhaft wandte ich meinen Blick von der Gruppe ab, als ob mich etwas abgelenkt hätte oder als ob ich etwas suchen würde. In Wirklichkeit versuchte ich die Tränen zu verbergen, die mir über die Wangen liefen. „Lieber Gott, hilf mir, mich zusammenzureißen", betete ich, doch meine Brust bebte von den unterdrückten Gefühlen. Ich dachte: *Gott, wie ist das nur möglich? Meine Kinder streiten mit uns, ob sie ihr Gemüse aufessen müssen, und jammern, wenn es nach drei Wochen schon wieder Spaghetti gibt, und diese unterernährten Kinder essen buchstäblich Dreck.*

Wir blieben noch etwa zwanzig Minuten bei dieser Familie und erfuhren, dass sie die einzigen Christen in diesem Slum waren. Ihre aufrichtige Liebe füreinander und zu ihren Kindern war deutlich zu sehen. Balek, ihr ältester Sohn, der beim Gehen hinkte, war nicht ihr leibliches Kind. Sie hatten ihn Jahre zuvor in einem Müllhaufen gefunden, wo er vermutlich wegen seiner Teillähmung abgelegt worden war. Sie hatten ihn mit nach Hause genommen und behandelten ihn wie ihren eigenen Sohn.

Ich verließ das kleine Zelt in einem Schockzustand – und zwar nicht nur wegen der entsetzlichen Armut. Was mich wirklich in Erstaunen versetzt hatte, war der Friede, der dort geherrscht hatte. Obwohl die Eltern so hart arbeiteten und kaum etwas dafür bekamen und obwohl sie Schmutz essen mussten, um einfach nur am Leben zu bleiben, umgab diese Familie eine ansteckende, unanfechtbare Ruhe, die wahrlich höher war als jede Vernunft.

Auf der Rückfahrt zu unserem Wohnheim, in dem wir untergebracht waren, ging mir eine Frage nicht aus dem Kopf. Sie surrte in meinen Gedanken herum wie eine Fliege, die einen beim Sonntagspicknick piesackt. Sie ärgerte mich und weckte mich noch mitten in der Nacht, als ich unbedingt schlafen wollte. Ich fragte mich immerzu, weshalb diese verarmte Familie, die sich von Erdplätzchen ernähren musste, so viel mehr Frieden ausstrahlte als ich, meine Freunde und meine Verwandten, die doch über mehr finanzielle Sicherheit verfügen, als sich diese Christen von Khalpar je vorstellen können. Warum besaß diese Familie mehr Frieden als die meisten von Ihnen, die gerade dieses Buch lesen? Warum?

Ich beschäftigte mich lange mit dieser Frage. Die herrliche, befreiende Wahrheit, die ich endlich erkannte, lautete: Es gibt keine Wechselbeziehung zwischen Geld und innerem Frieden. Überhaupt keine. Null.

Sie können – wie so viele vor Ihnen – versuchen, ein Quäntchen Frieden aus Ihrem Geld und Ihren Besitztümern zu quetschen, doch Sie werden scheitern. Sie werden ihn dort nicht finden. Dieses leere Versprechen ist eine Lüge, die schon Abermillionen Menschen jeder Nation und Herkunft, jeden Alters und jeder Steuerklasse genarrt hat: dass Sie sich mit Geld alles kaufen können, was Sie brauchen.

Gut getarnt

Es ist interessant, dass Jesus mehr über Geld geredet hat als über Himmel, Hölle und Beten zusammen. Weil er so darauf fixiert war? Nein, sondern weil er wusste, dass wir es sein würden. Er wusste, dass von Reichtum und Besitz eine Verlockung ausgeht, ein bösartiger Griff, dem sich der Mensch nur schwer erwehren kann. Ich glaube, Jesus war auch klar, dass das Thema Geld besonders problematisch ist, weil sich die Verehrung von Geld nur schwer durchschauen lässt.

Ein Grund dafür ist, glaube ich, dass sie sich auf so viele verschiedene Arten darstellt. Einer verschwendet vielleicht Geld wie verrückt, um sich wertvoll zu fühlen, während ein anderer knauserig ist und jeden Cent in Kapitalanlagen steckt – aus demselben Grund. Das Verhalten mag sich unterscheiden, doch das Ergebnis ist dasselbe: Geld soll das Gefühl von Sicherheit und Kontrolle verleihen und ist auf diese Weise ein falscher Gott.

Einmal hörte ich einen Pastor fragen: „Welche Aussage macht Ihnen mehr Angst: ‚Es gibt keinen Gott' oder ‚Es liegt kein Geld auf der Bank'?" Was er damit sagen wollte? Die Verehrung des falschen Gottes Geld beinhaltet nicht nur Liebe zum Geld, sondern auch übermäßige Angst um das Geld. Und seien wir ehrlich: Wir sind doch alle empfänglich für Angst um unsere Finanzen. Nur wenige gehen in Bezug aufs Geld sorglos durchs Leben.

Dieses leere Versprechen lässt sich so schwer identifizieren, weil nur sehr wenige glauben, sie würden Reichtum lieben. Uns wird kaum in den Sinn kommen, Geld könnte unser falscher Gott sein. Gier und Materialismus tarnen sich sehr erfolgreich.

Und wie? Am häufigsten durch die Zugehörigkeit zu bestimmten Gemeinschaften. Ohne es zu merken, richten wir uns nach einer bestimmten sozioökonomischen (Gehalts-)Gruppe aus. Wir gehen mit Menschen dieser Gruppe einkaufen. Wir gehen mit Menschen dieser Gruppe ins Kino. Wir wohnen in der Nähe von Menschen dieser Gruppe. Wir gehen in dieselbe Gemeinde wie Menschen dieser Gruppe. Und wir vergleichen uns fast immer mit Menschen unserer Gruppe. Wir vergleichen uns nicht mit dem Rest der Welt. Wir leben und arbeiten in unseren eigenen kleinen sozialen Gruppen und lassen uns von ihnen vorgeben, was normal, was genug, was notwendig ist. „Ich bin nicht gierig", sagen wir uns. „Schaut euch doch die anderen an. Seht doch nur *ihren* Umbau. Seht mal, wie viel Geld *sie* für Kleidung ausgibt. Seht nur, was *er* in seinen Garten steckt."

Solche Gedanken hatte ich eines Morgens, als ich meine Jungs zur Schule fuhr. Plötzlich kam mir in den Sinn, dass mein Wagen nur noch Schrott war. Er war damals zehn Jahre alt und machte ein paar Probleme, aber bis zu diesem Augenblick war ich mit ihm zufrieden gewesen. Doch dann dachte ich: *Pete, warum fährst du denn diese Karre? Du brauchst einen neuen fünftürigen Geländewagen. Einen schwarzen Jeep mit Allradantrieb, der richtig was draufhat.* Den hätte ich auch wirklich gebraucht – wenn ich irgendwo auf dem Land gewohnt hätte, wo es an dreihundert Tagen im Jahr schneit und mein Haus an einem steilen, schroffen Felshang stünde. In Wirklichkeit fuhr ich jedoch auf Straßen herum, die so eben sind wie ein Glastisch. Was soll ich sagen … *Ein Wagen mit Allradantrieb käme jetzt viel besser durch dieses Schlagloch, das sich da auf der Straße gerade bildet!* Wenn Männer in einem verlässlich sind, dann im Übertreiben!

Dieses kleine Selbstgespräch führte ich noch eine ganze Weile, bis ich merkte, wie Gottes Geist mich überführte. *Wirklich, Pete? Du brauchst einen neuen Jeep? Wie kommt es, dass dein Wagen, der dich überall hinbringt, wo du hinmusst, plötzlich nicht mehr angemessen ist? Warum brauchst du etwas Neueres, Schöneres, Besseres?*

Ertappt! Ich bekannte, dass ich auf das leere Versprechen hereingefallen war, ein neues Fahrzeug würde mir Glück bringen oder meine Bedeutsamkeit steigern – bis wir uns in die Autoschlange der chauffierenden Eltern einreihten, vor mir ein wunderschönes schwarz glänzendes BMW 118d Cabrio. Was für ein tolles Auto! Sabbernd saß ich da und dachte: *Ich bin nicht gierig. Der Typ, dem der Wagen gehört, der ist gierig! Ich will nur einen Jeep, und er stellt sein neues BMW-Cabrio zur Schau.*

Vorsicht! Das leere Versprechen schleicht sich an. In Lukas 12,13-15 erinnert Jesus uns daran:

> *Da rief einer aus der Menge: „Herr, sage doch meinem Bruder, er soll unser Erbe gerecht mit mir teilen." Aber Jesus wies ihn zurück. „Bin ich etwa euer Richter oder Schiedsmann?" Dann wandte er sich an alle: „Hütet euch vor der Habgier! Wenn jemand auch noch so viel Geld hat, das Leben kann er sich damit nicht kaufen."*

Man beachte diese starken Worte. „Hütet euch", sagte Jesus. Er *wusste*, wie trickreich dieser Götze sein kann.

Gier ist eine Sünde, die, im Gegensatz zu vielen anderen, in der Bibel mit einem roten Warnetikett versehen ist – genau deshalb, weil es uns so schwerfällt, sie in unserem Leben zu erkennen. Sie finden keine Stelle, an der Jesus sagt: „Hütet euch vor Ehebruch." Das muss er gar nicht. Wenn Sie mit jemandem schlafen, mit dem Sie nicht verheiratet sind, ist Ihnen das vollkommen bewusst.

Doch so ist Habgier nicht. Sie ist der Inbegriff von Selbsttäuschung. Mit Geld können ziemlich viele Menschen nicht gut umgehen. Offenbar verstärkt es unsere eigennützigen Neigungen, fast so, als vergifte man die Seele. Und unsere materialistische Kultur macht die Sache auch nicht besser. Wir müssen uns klarmachen, dass wir dadurch, dass wir einfach nur die Luft unserer Gesellschaft einatmen, vermutlich mehr oder weniger stark mit diesem Problem zu kämpfen haben.

Jesus hat nicht nur vage Andeutungen zu diesem Götzen gemacht. Einmal sagte er: „Niemand kann zwei Herren gleichzeitig dienen. Wer dem einen richtig dienen will, wird sich um die Wünsche des anderen nicht kümmern können. Er wird sich für den einen einsetzen und den anderen vernachlässigen. Auch ihr könnt nicht gleichzeitig für Gott und das Geld leben" (Matthäus 6,24).

Daher wollen wir an dieses Problem mit der Einstellung herangehen: „Das könnte auf jeden Fall auch mich betreffen. Ich werde mein Herz öffnen, weil Gott mich heute vielleicht auf einiges hinweisen will."

Niemals nur Geld

Ich musste am eigenen Leib erfahren, dass Geld in meinem Leben niemals nur Geld sein will. Es versucht immer, sich so zu positionieren und zu manipulieren, dass es mehr wird. Meist entdecke ich dann auch, dass es mich zu drei Illusionen verleitet.

Illusion 1: Mehr Geld verleiht mir mehr Sicherheit.

Betrachten Sie einmal diesen Satz des Apostels Paulus an seinen jüngeren Kollegen Timotheus und die Gemeinde, die er in Ephesus leitete:

> *Den Reichen musst du unbedingt einschärfen, sich nichts auf ihren irdischen Besitz einzubilden oder sich auf etwas so Unsicheres wie den Reichtum zu verlassen. Sie sollen vielmehr auf Gott hoffen, der uns mit allem reich beschenkt, damit wir es genießen können. (1. Timotheus 6,17)*

Die Menschen, denen Paulus schrieb, waren Christen, die Loblieder sangen, sich im Tempel blicken ließen und die Heiligen Schriften auswendig lernten. Viele waren Gläubige, die wegen ihres Glaubens an Christus dem Tod ins Auge geschaut hatten. Dennoch musste er sie erinnern: „Hört mal, fallt im Laufe der Zeit nicht auf das leere Versprechen des Geldes herein. Denkt bloß nicht, es kann euch Sicherheit verleihen."

Vielleicht hatten Sie auch schon mal solche Gedanken: „Wenn ich fünfundvierzigtausend statt fünfunddreißigtausend Euro im Jahr verdienen würde, hätten wir es geschafft. Wir wären endlich auf der sicheren Seite und bräuchten uns keine Sorgen mehr ums Geld zu machen." Natürlich sagen alle, die fünfundvierzigtausend Euro bekommen: „Wenn wir bloß fünfundfünfzigtausend im Jahr verdienen würden, wären wir endlich auf der sicheren Seite und bräuchten uns keine Sorgen mehr ums Geld zu machen."

Was glauben Sie, wie viel Geld Sie brauchen, um finanziell total abgesichert zu sein? Ich glaube, die Antwort ist für uns alle dieselbe: Mehr, als wir derzeit haben.

Kürzlich las ich in einem amerikanischen Nachrichtenmagazin einen faszinierenden Artikel, der auf einer Studie über sehr reiche Menschen (mit über 20 Millionen Euro) basierte. Der Artikel deckte auf, wie Geld genau die Dinge unterlaufen kann, die wir am dringendsten brauchen – Vertrauen auf Gott, vertrauensvolle Beziehungen, eine sinnvolle Arbeit, eine Bestimmung und ein Ziel –, und wie es unsere Lebenssicht verzerren kann.

Einer derjenigen, die in dem Artikel interviewt wurden, „Erbe eines Riesenvermögens, sagte, dass ihm sein christlicher Glaube am wichtigsten im Leben sei und dass es sein größtes Ziel sei, ‚den Herrn, meine Familie und meine Freunde zu lieben'. Ebenso berichtete er, er werde sich finanziell erst sicher fühlen, wenn er eine Milliarde Dollar auf der Bank hätte."[1]

In Sprüche 18,11 heißt es: „Der Reiche bildet sich ein, sein Besitz würde ihn schützen wie eine hohe Stadtmauer." Wissen Sie, welches das Schlüsselwort in diesem Vers ist? *Einbilden.* Er bildet es sich ein. Es ist nicht real.

Es sind natürlich nicht nur die Reichen, die auf diese Illusion hereinfallen. Doch je mehr Geld wir anhäufen, desto eher sind wir versucht zu denken, dass es uns letzte Sicherheit verleihen kann. Aber: Materieller Wohlstand ist nicht imstande, uns emotional oder spirituell abzusichern. Fragen Sie doch mal ein „armes kleines reiches Kind", das mit Dingen aufwächst statt mit Liebe und Zuwendung. Fragen Sie mal das Opfer eines Hausbrandes oder eines Investmentbetrugs oder eines Tornados. Kein Wunder also, dass Jesus betont:

> *Häuft in dieser Welt keine Reichtümer an! Ihr wisst, wie schnell Motten und Rost sie zerfressen oder Diebe sie stehlen! Sammelt euch vielmehr Schätze im Himmel, die unvergänglich sind und die kein Dieb mitnehmen kann. (Matthäus 6,19-20)*

Illusion 2: Mehr Geld schenkt mir mehr Frieden und Glück.

Sie haben bestimmt schon das alte Sprichwort gehört, dass man Glück nicht mit Geld kaufen kann. Neuere Forschungen lassen vermuten, dass es mehr ist als ein Sprichwort. Das bestätigt ein interessanter Artikel mit der Überschrift „Wie viel Geld ist genug?". Darin wird ein Universitätsprofessor zitiert:

> *„Zwei Wirtschaftswissenschaftler fanden heraus, dass es bei einem Anstieg des Einkommens weder in den USA noch in Großbritannien eine Steigerung des Glücksgefühls gibt. Begleitet man einen einzelnen Menschen in einer Zeit, in der sich sein Einkommen erhöht, erkennt man keine Zunahme des Glücksgefühls."*[2]

Es gibt wenig, worum wir uns so sorgen wie ums Geld. Wir machen uns Gedanken, wie wir mehr verdienen könnten, wie das Geld länger reicht, wie wir es anlegen, wie wir es sparen, wie wir es ausgeben und wie wir es bewahren. Und wir verfallen leicht der Illusion, dass das, was wir brauchen, damit wir uns keine Sorgen mehr um Geld machen müssen, noch mehr Geld ist. Wir verdienen also mehr und mehr Geld, und woran denken wir am Ende? An noch mehr Geld. Und doch bauen wir irgendwie immer weiter auf die Lüge, wenn wir noch mehr hätten, wären wir glücklicher und zufriedener.

Max Lucado beschreibt sehr anschaulich die Nebenwirkung dieser Illusion:

> *Lassen Sie uns nun einen Abstecher in das größte Gefängnis der Welt machen. Es ist absolut überbelegt. In diesem Gefängnis reichen die Betten und das Geschirr nicht, so viele Insassen gibt es dort.*
>
> *Es ist zugleich das Gefängnis mit den übelsten Haftbedingungen weit und breit. Fragen Sie die Häftlinge, sie werden es Ihnen bestätigen. Sie sind ausgebeutet und unterernährt. Sie leben in Zellen mit kahlen Wänden und harten, durchgelegenen Stockbetten.*
>
> *Dieses Gefängnis ist nicht nur überfüllt und bietet üble Lebensbedingungen. Was noch schlimmer ist, es kommt kaum jemand je wieder heraus. Es gibt so gut wie keine Ausbrüche und keine Entlassungen. Wer hier sitzt, sitzt lebenslang.*
>
> *Wie dieses Gefängnis heißt? Der Name steht in großen Eisenlettern über dem Eingang: MANGEL.*
>
> *Es ist das Gefängnis der Wünsche. Und mit Sicherheit sind Ihnen bereits Insassen dieser Haftanstalt begegnet. Es sind Leute, die irgendeine Form von Mangel empfinden. Bestimmte Dinge müssen größer werden oder schöner oder schneller oder vielleicht auch schlanker. Diese Menschen sind beherrscht von einem oder mehreren Wünschen.*[3]

Einmal sprach Jesus über diese Neigung, sich im Hinblick auf Geld selbst hereinzulegen und zu glauben, es könne zufrieden machen. In seiner typischen Art als Meister und Lehrer erzählte er deshalb eine Geschichte:

> *Ein reicher Gutsbesitzer hatte eine besonders gute Ernte. Er überlegte: ‚Wo soll ich bloß alles unterbringen? Meine Scheu-*

nen sind voll; da geht nichts mehr rein.' Er beschloss: ,Ich werde die alten Scheunen abreißen und neue bauen, so groß, dass ich das ganze Getreide, ja alles, was ich habe, darin unterbringen kann. Dann will ich mich zur Ruhe setzen. Ich habe für lange Zeit ausgesorgt. Jetzt lasse ich es mir gut gehen. Ich will gut essen und trinken und mein Leben genießen!' Aber Gott sagte zu ihm: ,Du Narr! Noch in dieser Nacht wirst du sterben. Wer bekommt dann deinen ganzen Reichtum, den du angehäuft hast?' So wird es allen gehen, die auf der Erde Reichtümer sammeln, aber mit leeren Händen vor Gott stehen. (Lukas 12,16-21)

Genug wird niemals genug sein. Wir veralbern uns selbst, wenn wir meinen, etwas (oder viel) mehr Geld würde uns mehr Frieden, Zufriedenheit oder Glück geben. Als Jesus sagte: „Geben macht glücklicher als Nehmen", schenkte er uns nicht nur einen guten Spruch für unsere Weihnachtskarten. Er meinte das wirklich so. Unser Leben wird uns viel mehr gefallen und wir werden mehr Frieden haben, wenn wir mehr darüber nachdenken, wie wir unser Geld hergeben statt welches zu bekommen.

Illusion 3: Mit mehr Geld werde ich großzügiger.

Seit meine Frau Brandi und ich verheiratet sind, haben wir schon immer gern kleine Bibellesegruppen zu uns nach Hause eingeladen. Ich werde nie vergessen, was sich einmal in einer dieser Gruppen ereignete. Damals arbeiteten wir in Morgantown, Kentucky. Unsere Gruppe bestand aus Ehepaaren und Singles. Einer davon war eine alleinstehende Frau, die in einer Fabrik arbeitete. Ich nenne sie Peggy. An diesem speziellen Abend unterhielten wir uns über Großzügigkeit. Sie hatte fast die ganze Zeit nichts gesagt, meldete sich aber schließlich zu Wort, als wir Gebetsanliegen sammelten.

Sie sagte: „Pete, für dich und die meisten hier in der Gruppe ist es kein Geheimnis, dass ich regelmäßig Lotto spiele. Ich möchte dich und die Gruppe bitten, dafür zu beten, dass ich diese Woche den Jackpot knacke. Die Gewinnsumme liegt bei siebenundvierzig Millionen Dollar, und wenn ich so viel Geld bekäme, würde ich garantiert ganz viel davon abgeben."

Dieses Anliegen brachte mich in eine schwierige Lage. Ich war mir nicht einmal sicher, ob ich als Pastor dafür beten durfte, dass jemand im Lotto gewinnt. Ich fragte sie, ob sie den Zehnten des Gewinns abgeben würde, und sie sagte Ja. Also betete ich, und zwar mit großem Nachdruck. Nach unserem Treffen fühlte ich mich veranlasst, doch noch mal nachzuhaken.

„Peggy", fragte ich, „spendest du jetzt schon etwas von deinem Geld? Gibst du regelmäßig den Zehnten oder spendest du für wohltätige Zwecke oder einzelne Menschen oder so etwas?"

Sie dachte kurz nach. „Nein, eigentlich nicht."

„Unter uns", fragte ich, „wie viel Geld bekommst du im Jahr?"

„Ungefähr einundzwanzigtausend Dollar", antwortete sie.

„Peggy, warum in aller Welt glaubst du, du würdest großzügig sein, wenn du siebenundvierzig Millionen hast, wenn du es mit einundzwanzigtausend schon nicht bist?"

Darauf wusste sie keine Antwort. Ich bohrte nicht weiter nach, denn ehrlich gesagt gibt es Momente, in denen ich genauso denke wie sie.

Aber was für eine Illusion! Wir meinen, dass der einzige Grund, warum wir nicht großzügig sind, der ist, dass wir im Moment nicht so viel Geld verdienen und gut rechnen müssen. Wir denken: *Wenn ich mehr Geld bekomme, werde ich großzügig.* Das Ärgerliche ist nur, dass das in der Regel so nicht funktioniert.

Eine Reihe Untersuchungen aus jüngster Zeit hat ergeben, dass Geringverdiener einen höheren Prozentsatz ihres Einkommens spenden als Reiche.[4] Je mehr man bekommt, desto schwerer fällt es, großzügig zu sein. Wenn Sie also mit einundzwanzigtausend nicht großzügig sind, werden Sie es mit einundvierzigtausend wahrscheinlich auch nicht sein. Und wenn Sie es mit einundvierzigtausend nicht sind, werden Sie es vermutlich auch mit einhundertvierzigtausend nicht sein. Wenn Sie mit dem, was Sie jetzt haben, nicht großzügig umgehen können, werden Sie es mit noch mehr wahrscheinlich niemals tun.

Die Spannung

Was meinen Sie? Könnte es sein, dass Geld für den einen oder anderen von uns zum Götzen geworden ist? Bauen wir womöglich darauf, dass es uns etwas gibt, das nur Gott uns geben kann? Haben wir viel Geld auf der Bank, aber keinen Frieden im Herzen? Sagen (oder denken) wir öfter: Wenn ich soundso viel hätte, wäre ich zufrieden? Verwenden wir mehr Zeit darauf, darüber nachzudenken, was wir nicht haben, als dafür, Gott für alles zu danken, was wir haben? Und vor allem: Behindert unser Wunsch nach mehr oder unsere Angst, nicht genug zu haben, oft unseren Wunsch, großzügig zu sein?

Auf diese letzte Frage konzentrierte sich Jesus in seiner Begegnung mit einem Ehrenmann, den wir als „den reichen Jüngling" kennen:

Jesus wurde von einem angesehenen und reichen Mann gefragt: „Guter Lehrer, was muss ich tun, um das ewige Leben zu bekommen?"

Jesus entgegnete: „Weshalb nennst du mich gut? Es gibt nur einen, der gut ist, und das ist Gott. Du kennst doch seine Gebote: Du sollst nicht die Ehe brechen! Du sollst nicht töten! Du sollst nicht stehlen! Sag nichts Unwahres über deinen Mitmenschen! Ehre deinen Vater und deine Mutter!"

Der Mann antwortete: „An diese Gebote habe ich mich von Jugend an gehalten."

„Aber etwas fehlt dir noch", sagte Jesus. „Verkauf alles, was du hast, und verteil das Geld an die Armen. Damit wirst du im Himmel einen Reichtum gewinnen, der niemals verloren geht. Und dann komm und folge mir nach!"

Als der Mann das hörte, wurde er traurig, denn er war sehr reich. Jesus merkte es und sagte: „Wie schwer ist es doch für die Reichen, in Gottes neue Welt zu kommen! Eher geht ein Kamel durch ein Nadelöhr, als dass ein Reicher in Gottes neue Welt kommt." „Wer kann dann überhaupt gerettet werden?", fragten ihn seine Zuhörer entsetzt. Er antwortete: „Für Menschen ist es unmöglich, aber nicht für Gott." Jetzt fragte Petrus: „Aber wie ist es nun mit uns? Wir haben doch alles aufgegeben und sind mit dir gegangen!" Jesus antwortete: „Das sollt ihr wissen: Jeder, der sein Haus, seine Eltern, seine Geschwister, seine Frau oder seine Kinder zurücklässt, um sich für Gottes neue Welt einzusetzen, der wird dafür reich belohnt werden: hier schon, in dieser Welt, und erst recht in der zukünftigen Welt mit dem ewigen Leben." (Lukas 18, 18-25)

Es ist offensichtlich, was in dieser Geschichte passiert: Der junge Reiche stellte keine Verbindung her zwischen seiner Einstellung zu Besitztümern und seiner Beziehung zu Gott. Er ließ sich von seinem Geld an der Freiheit hindern, seinem himmlischen Vater zu vertrauen, statt seinem Vermögen. Jesus wollte ihm die Erfahrung ermöglichen, dass Empfangen zwar gut sein kann, man aber den größten Nutzen dann hat, wenn man seinen Griff um seine vermeintlichen Reichtümer lockert und sie herzugeben wagt.

So eine Erfahrung brauchen wir fast alle, wenn es um unsere Habe und unser Leben geht. Wir müssen die Freude des Loslassens lernen – vermutlich immer und immer wieder, um den Versuchungen des Geldes etwas entgegenzusetzen.

Manchmal habe ich das konkrete Gefühl, ich sollte für eine bestimmte Sache Geld spenden. Dann durchzieht sofort ein ellenlanges Band an Fragen mein Hirn: Ist das wirklich ein guter Zweck? Was ist mit dem Studium meiner Kinder? Wird das Geld auch gut verwaltet? Spare ich das Geld nicht lieber für den Ruhestand, anstatt es für diesen Zweck zu spenden? Was ist, wenn mein Auto liegen bleibt und ich Geld für eine Reparatur brauche?

Kluge Menschen bläuen uns immer wieder ein, wir sollen sparen, sparen, sparen. Und das Sparen lässt uns weniger Raum zum Geben, Geben, Geben.

Ich plädiere natürlich nicht für einen sorglosen Umgang mit Geld und will damit nicht sagen, dass Sie nicht sparen oder sorgfältig prüfen sollten, wem Sie etwas spenden. Aber vielleicht, ganz vielleicht, liegt es nicht in unserer Verantwortung zu wissen, wie *genau* unser Geld ausgegeben wird. Gott interessiert sich sicherlich mehr für unser Herz als für unsere Finanzstrategien. Womöglich sollten wir lernen, unser Geld loszulassen und es Gott anzuvertrauen.

Die Bibel sagt, dass der reiche Jüngling traurig davonging. Doch Jesus war noch trauriger, denn er wusste, welche himmlische Freude und Bestimmung dem jungen Mann entging. Sein Problem war ja nicht, dass er Reichtümer *hatte*. Sein Problem war, dass er auf seine Reichtümer *vertraute*. Das wirkte sich auf seinen Umgang mit Geld aus. Da er seinen Glauben auf Geld statt in Gott setzte, um gut durchs Leben zu kommen, konnte er seine Gaben nicht so einsetzen, wie Jesus es ihm vorschlug. Und ihm entging die Sicherheit, Zufriedenheit und Freiheit, die sich einstellt, wenn man den Glauben dahin richtet, wohin er gehört.

Deutlicher hätte Jesus nicht werden können. Diese Spannung wird uns unser Leben lang begleiten. Immer wieder werden wir versuchen, mit Geld den gottgegebenen Hunger nach Sicherheit, Frieden und Glück zu stillen und es festzuhalten, statt es herzugeben.

Doch das ist eine Falle.

Der einzige Weg, den ich kenne, um sich dagegen zu wehren, ist der, den Jesus uns beigebracht und vorgelebt hat: von unserem Reichtum abzugeben und darauf zu vertrauen, dass Gott uns mit dem versorgt, was wir brauchen.

Kapitel Sieben

Fromme Lügen

Trevor, ein guter Freund von mir, ist seit fast dreißig Jahren Pastor. Neulich aßen wir gemeinsam zu Mittag, und mir fiel auf, dass er etwas angespannt war. Eigentlich wirkte er richtig erschöpft. Als ich Trevor darauf ansprach, traten ihm Tränen in die Augen.

„Pete, fragst du dich auch manchmal, wann es genug ist? Wann gut *gut genug* ist?"

Darauf fiel mir keine Antwort ein. Ich nickte bloß, damit Trevor wusste, dass ich ihm aufmerksam zuhörte. „So oft überkommt mich die Angst, nicht gut genug für Gott zu sein. Tagtäglich frage ich mich, ob er mich wirklich liebt. Und je mehr ich mich bemühe, desto mehr habe ich das Gefühl zu versagen."

Mein Freund Trevor ist damit nicht allein. Ich glaube, viele von uns ringen damit, Gott zu gefallen, sich seine Liebe und Zustimmung mit guten Taten zu verdienen. Das ist eine Art geistliche Tretmühle: Sie bringt uns dazu, immer härter zu arbeiten und nie das Gefühl zu bekommen, überhaupt Fortschritte zu machen.

Kennen Sie solche Gefühle? Manchmal denken wir doch insgeheim, dass Gott uns umso mehr liebt, uns bessere Gesundheit, mehr Wohlstand und Macht schenkt, je mehr wir ihm gehorchen. Und auch wenn wir es besser wissen, glaubt ein Teil von uns, dass wir als guter, moralisch korrekter Mensch unsere Chancen erhöhen, in den Himmel zu kommen. Doch ständig plagt uns die Unsicherheit, wie wir vor Gott wirklich dastehen.

Wenn ich nur ein bisschen mehr für Gott tue, dann weiß ich, dass er mich liebt oder annimmt, denken wir. Das lässt uns glauben, dass wir echte Freiheit erleben, wenn wir auf der nächsten Ebene spiritueller Leistung angekommen sind. Aber: Wenn wir unser Ziel erreicht haben, geht die

Messlatte weiter nach oben. Am Ende verfehlen wir sie und meinen wie üblich, unsere Fehlleistungen wettmachen zu müssen. Also versuchen wir es immer wieder und bringen offenbar doch nichts zustande.

Auch Religion kann ein leeres Versprechen sein. Wenn wir unseren Glauben auf das Religiössein setzen statt auf den lebendigen Gott, dann sind wir auf dem Holzweg. Das passiert meist, wenn Menschen sich auf die Richtigkeit ihrer Lehrsätze oder ihres Handelns verlassen, um vor Gott gut dazustehen, statt auf Gott selbst zu vertrauen und auf seine Gnade. Das ist ein kleiner, doch tödlicher Fehler.

Religiöses Denken tendiert nämlich dazu, die Unsicherheiten, mit denen wir ringen, aufzuspüren und uns in die Falle zu locken. Der Götze Religion flüstert: „Wenn du einfach nur mehr spenden, häufiger in den Gottesdienst gehen, mehr Zeit einsetzen, mehr beten, mehr religiöse Bücher lesen, mehr Bibelverse auswendig lernen oder mehr von deinem Glauben erzählen würdest, dann – und nur dann – wärst du in Sicherheit. Dann wird Gott dich lieben. Zumindest liebt er dich noch mehr, wenn du all das tust."

Jesus wies einmal seine Freundin Martha auf genau diesen Trugschluss hin:

> *Jesus kam mit seinen Jüngern in ein Dorf, wo sie bei einer Frau aufgenommen wurden, die Martha hieß. Maria, ihre Schwester, setzte sich zu Jesus und hörte ihm aufmerksam zu. Martha aber war unentwegt mit der Bewirtung ihrer Gäste beschäftigt. Schließlich kam sie zu Jesus und fragte: „Herr, siehst du nicht, dass meine Schwester mir gar nicht hilft? Sie überlässt mir die ganze Arbeit. Kannst du ihr nicht sagen, dass auch sie etwas tun soll?" Doch Jesus antwortete ihr: „Martha, Martha, du machst dir viel Sorgen und mühst dich um Dinge, die im Grunde nicht so wichtig sind. Wichtig ist nur eins! Das hat Maria verstanden, und davon werde ich sie nicht abbringen." (Lukas 10,38-42)*

Martha hatte wohl versucht, ihre Bestimmung darin zu sehen, etwas für den Herrn zu *tun*, anstatt einfach nur bei ihm zu *sein*, wie ihre Schwester Maria. Jesus weist sie sachte zurecht und erklärt unmissverständlich, dass es für ihn nicht in erster Linie auf das Dienen ankommt, sondern auf unser Herz.

Ich neige zum selben Problem wie Martha. Dauernd falle ich auf die Lüge herein, dass Gott zufriedener mit mir ist, wenn ich etwas für ihn tue und nicht einfach nur zu seinen Füßen sitze und auf ihn höre. Ich gleite viel zu leicht in die Geisteshaltung ab, in der die Kirche wichtiger ist als Christus, Rituale wichtiger als Beziehungen, religiöser Aktionismus wichtiger als der Nächste. Und so geht es weiter und weiter. Darin liegt die Gefahr.

Eine solche Religiosität beruht auf der Vorstellung, dass Gott erst mal dazu neigt, uns seine Liebe vorzuenthalten, und dass wir uns, wenn wir uns dem Mechanismus unterwerfen, seine Liebe verdienen können – irgendwann. Komischerweise gehen wir diesem leeren Versprechen bereitwillig in die Falle, denn unser Herz sehnt sich nach Liebe und Sicherheit. Irgendwann sind die meisten von uns im Laufe ihres Lebens zu der Überzeugung gekommen, dass jede Liebe an Bedingungen geknüpft ist. Also springen wir auf die geistliche Tretmühle und rennen. Wir rennen und rennen und rennen. Doch je mehr wir rennen, desto erschöpfter werden wir. Tagtäglich fragen wir uns, ob wir genug getan haben.

Das ist traurig – und unnötig. Denn in Wirklichkeit ist es so: Was wir *mit* Jesus tun, ist immer wichtiger als das, was wir *für* Jesus tun.

Nicht der Erste

Ich liebe die Apostelgeschichte. Sie offenbart nicht nur ein faszinierendes Bild der Höhen und Tiefen der frühen Kirche; sie versichert mir als Pastor auch, dass meine Gemeinde normaler ist, als ich glaube. Und sie bietet auch reichlich Einblick in das Problem der frühen Kirche, aus Religion einen Gott zu machen.

Wir vergessen leicht, dass die ersten Christen schon religiöse Menschen waren, bevor sie Christus nachfolgten. Den Großteil ihres Lebens hatten sie die religiösen Regeln ihres jüdischen Glaubens befolgt. Als sie zum Christentum konvertierten und Jesus nachfolgen wollten, hatten viele Probleme, weil sie ihre jüdischen Bräuche mit in den neuen Glauben hineinmischten und zu stark hervorhoben. In Apostelgeschichte 15,1-2 lesen wir beispielsweise:

Eines Tages kamen Gläubige aus Judäa in die Gemeinde von Antiochia. Sie lehrten öffentlich: „Wer sich nicht beschneiden lässt, so wie es im Gesetz des Mose vorgeschrieben ist, kann nicht gerettet werden." Paulus und Barnabas widersprachen dieser Meinung sehr heftig. Schließlich beschlossen die Brüder in Antiochia, dass Paulus und Barnabas mit einigen anderen aus der Gemeinde zu den Aposteln und Ältesten nach Jerusalem gehen sollten, um diese Streitfrage zu klären.

Ich kann mir bildlich vorstellen, wie eine Gruppen Nichtjuden im ersten Jahrhundert in einer Art Gemeindeeinführungskurs sitzt und ein jüdischer Lehrer sagt: „Ach so, noch eins: Ihr müsst euch alle beschneiden lassen."

„Warum das denn?"

„Na ja, weil wir das eben so machen. Das war schon immer so. Es ist das fundamentale Zeichen des Bundes zwischen Gott und uns."

„Wir dachten, Jesus wäre das fundamentale Zeichen. Wir dachten, wir müssten nur an ihn glauben."

„Ja. Aber diese letzte Sache müsst ihr auch noch machen, wenn ihr gerettet werden wollt."

Ich glaube, ich brauche nicht zu erklären, warum das bei den Nichtjuden nicht allzu gut ankam.

Religion und …

Was in Apostelgeschichte 15 geschah, ist das, was immer geschieht, wenn Religion etwas zum Evangelium hinzufügen will. Die Judenchristen nahmen die Erlösung, die allein von Jesus und seiner Kreuzestat kommt, und fügten alle anderen Regeln und Vorschriften hinzu, wie z. B. die Beschneidung. Sie stellten eine Gleichung auf:

Jesus + Beschneidung = Erlösung

Wir sehen diese Gleichung und denken: „Ach, ist das albern. Man muss doch nicht beschnitten sein, um Christ zu sein." Die Wahrheit ist allerdings, dass fast jede Generation und jede Kultur versucht, eine solche Gleichung aufzustellen:

Jesus + ins Wasser eintauchen = Erlösung
Jesus + die richtige Form von Abendmahl = Erlösung
Jesus + die richtige Partei wählen = Erlösung
Jesus + zur richtigen Gemeinde gehören = Erlösung

Es gibt Dutzende solcher Dinge, die wir mit Gewalt in die Gleichung pressen wollen. Und dabei verwechseln wir jedes Mal Gesetz und Gnade – und laufen Gefahr, aus Religion einen Götzen zu machen.

Apostelgeschichte 15 erinnert daran, dass Religion dazu neigt, alles kompliziert zu machen, was Gott einfach gemacht hat. Sie versucht immer, ein Handeln in den Götzenstatus zu erheben, indem es zu Jesus addiert wird.

Religiöses Verhalten

Doch schauen wir uns nun an, was als Nächstes geschah: Die Gläubigen diskutierten in einer der wahrscheinlich allerersten Kirchenversammlungen über das Thema Beschneidung.

Aber auch hier verlangten einige der Gläubigen, die früher zu den Pharisäern gehört hatten: „Man muss die Nichtjuden beschneiden und von ihnen verlangen, dass sie das Gesetz des Mose befolgen." Daraufhin setzten sich die Apostel und die Leiter zusammen, um diese Frage zu klären. Nach heftigen Wortwechseln stand schließlich Petrus auf und sagte: „Liebe Brüder! Ihr wisst doch, dass Gott mir schon vor langer Zeit aufgetragen hat, die rettende Botschaft auch denen zu verkünden, die keine Juden sind, denn auch sie sollen Gott vertrauen. Und Gott, der jedem von uns ins Herz sieht, hat sich zu ihnen bekannt, als er den Nichtjuden genauso wie uns den Heiligen Geist gab. Ja, Gott machte keinen Unterschied zwischen uns und ihnen: Er befreite sie von aller Schuld, als sie an ihn glaubten." (Apostelgeschichte 15,5-9)

Ist Ihnen der letzte Vers aufgefallen? Dort heißt es, dass Gott keinen Unterschied zwischen den beiden Gruppen macht. Doch die Religion macht das. Sie verkompliziert Dinge und trennt Menschen.

„Warum wollt ihr jetzt Gott herausfordern und diesen Brüdern eine Last aufbürden, die weder wir noch unsere Väter tragen konnten? Wir glauben, dass wir allein durch die Gnade Jesu gerettet werden. Dasselbe gilt auch für die Nichtjuden." (Apostelgeschichte 15,10-11)

Die gesetzestreuen Juden, die auf Beschneidung bestanden, bauten die Mauer zwischen Juden und Nichtjuden neu auf, die Jesus am Kreuz eingerissen hatte. Sie legten den Nichtjuden ein schweres, untragbares jüdisches Joch auf. Sie versperrten den neuen, lebendigen Weg zu Gott, den Jesus Christus eröffnet hatte, als er gestorben und wieder auferstanden war.

Ich erinnere mich an meine erste Dosis dieser Art Religion. Damals ging ich noch zur Schule. Ein Freund von mir schleppte mich zur Jugendevangelisation einer ortsansässigen Gemeinde mit. Auf einem Parkplatz war ein riesiges Zelt aufgestellt worden. Wir quetschten uns hinein und warteten gespannt.

In der ersten halben Stunde führten ein paar Teenager ziemlich alberne Sketche auf. Ich konnte nicht verstehen, was so toll daran sein sollte, sich schwarz anzuziehen und wie ein Pantomime moderne christliche Lieder darzustellen; sie hatten aber offenbar ihren Spaß daran.

Als die Pantomimen fertig waren, stand ein Prediger auf und sprach zu uns Teenagern. An seine Botschaft kann ich mich nicht mehr im Detail erinnern, aber an die Hauptaussagen. Sie lauteten im Wesentlichen: Raucht nicht, flucht nicht, trinkt nicht, habt keinen Sex und spielt nicht Karten. (Das mit den Karten habe ich bis heute nicht kapiert.) Zum Schluss bat der Prediger sehr eindringlich, dass diejenigen, die schon mindestens eine dieser Abscheulichkeiten begangen hatten, nach vorne kommen und ihr Tun bereuen sollten, damit sie gerettet werden konnten. Ich muss zugeben, dass ich damals vier der fünf getan hatte. Ich hatte Karten gespielt, geflucht und … na ja, den Rest behalte ich für mich. Das ist hier ja kein Enthüllungsbuch.

Aber ich muss sagen, die Art, wie der Typ diese Informationen rüberbrachte, weckte in mir nicht den Wunsch, meine Taten zu bekennen oder Gott nachzufolgen. Ich wollte nur noch weg und das eine tun, was ich bis dahin noch nicht auf dem Kerbholz hatte …

Der Prediger hatte sein Augenmerk nicht auf Jesus und das Leben gerichtet, das er uns anbietet, sondern auf Moralismus und Verhaltensänderung. Und das kaufte ich ihm nicht ab. Ich glaube, er war auf eine List des Bösen hereingefallen: unseren Blick auf Nebenaspekte zu lenken, statt uns zu zeigen, worum es bei der Nachfolge Christi wirklich geht.

Das passiert auch heute noch oft in der Jugendarbeit. Wir betonen zu sehr das Negative und vermitteln den jungen Leuten den Eindruck, das

Christentum sei eine Religion des richtigen Verhaltens. Darum verlieren wir die Teenies, wenn sie älter werden. Sie betrachten das Christentum als religiöse Zwangsjacke, aus der sie sich befreien müssen, wenn sie Spaß haben wollen.

„Nicht anfassen! Nicht kosten! Nicht berühren! Nicht probieren!", heißt es. Dieser religiös-regulierende Zugang zum Christentum ist grundverkehrt.

Den Weg frei machen

Um zu Apostelgeschichte 15 zurückzukehren: Die Diskussion um das Thema Beschneidung hielt an. Die Gläubigen debattierten hin und her. Paulus und Barnabas berichteten von einigen Zeichen und Wundern, die Gott unter Nichtjuden getan hatte. Schließlich stand Jakobus, der Bruder von Jesus, auf und hielt eine faszinierende Rede:

> *„Liebe Brüder!", sagte er. „Simon Petrus hat eben erzählt, wie Gott selbst begonnen hat, unter den Heiden ein Volk zu sammeln, das ihm gehört. Das sagen ja schon die Propheten, denn es heißt bei ihnen: ‚Danach werde ich mich meinem Volk wieder zuwenden, das zerfallene Haus Davids und alles Zerstörte wieder aufbauen. Alle Überlebenden sollen den Herrn suchen, auch alle Heiden, die zu mir gehören, spricht der Herr, der das alles schon lange beschlossen hat.‘ Ich meine deshalb", erklärte Jakobus, „wir sollten den Nichtjuden, die sich zu Gott bekehren, keine unnötigen Lasten aufbürden und ihnen nicht die jüdischen Gesetze aufzwingen." (Apostelgeschichte 15,13-19)*

Wow! Haben Sie das mitbekommen? Jakobus wehrte sich heftig gegen den religiösen Götzendienst und empfahl den anderen Christen unmissverständlich, dem Evangelium nichts hinzuzufügen. Sie sollten den

Menschen, die zu Gott kommen, keine unnötigen Hürden vor die Füße legen und nicht zulassen, dass Traditionen, Meinungen oder Vorlieben dem im Wege sind, der Jesus Christus nachfolgen will – auch ihnen selbst nicht.

Der Kern dieser Botschaft: Wir dürfen von solchen Dingen nichts erwarten, was nur Gott uns geben kann. Wann immer wir dem Evangelium etwas hinzufügen, verleugnen wir das vollendete Werk Jesu Christi am Kreuz.

Nicht groß genug

Der Knackpunkt der Kontroverse um die Beschneidung war, dass eine Religion, die sich nur auf Traditionen und Meinungen stützt, einfach nicht groß genug ist, um unserem Gott darin Raum zu geben.

Philippus wurde mit derselben Frage im Kleinformat konfrontiert, als er auf der Straße nach Gaza einem äthiopischen Beamten begegnete. Mir gefällt dieser Bericht aus Apostelgeschichte 8 sehr. Er veranschaulicht lebhaft, wie wichtig es ist, vom religiösen Götzendienst zu einem lebendigen Glauben zu kommen.

Kurz gefasst passierte Folgendes: Philippus ging die Straße entlang und begegnete dem Äthiopier in seinem Wagen. Der Mann las im Buch Jesaja, interessierte sich also für das Judentum. Doch er war zufälligerweise auch ein Eunuch (also kastriert), was zur Folge hatte, dass er zwar zum Judentum übertreten konnte, nicht jedoch an den Gottesdienstversammlungen teilnehmen durfte (5. Mose 23,2). Er fuhr zwar zum Gottesdienst nach Jerusalem, blieb jedoch ein Außenseiter und Fremder.[1]

Als guter, konservativer, gesetzestreuer jüdischer Nachfolger Jesu hätte Philippus den Eunuchen als „mangelhaft" betrachten können. Er hätte sich weigern können, ihm den Text zu erklären. Sollte Philippus diesen ausländischen Eunuchen zu seinem Glauben führen, würde er gegen eine Tradition verstoßen, die zu achten und zu befolgen er aufgezogen worden war. Ebenso hatte er von Kindesbeinen an gelernt, dass das Befolgen von Traditionen sein Ansehen bei Gott bestimmte.

Diese Spannung zieht sich durch das gesamte Neue Testament, die frühe Kirche, und ich würde behaupten, auch noch bis in die heutige Zeit hinein.

Was machen wir, wenn unsere Religiosität Gott nicht genug Raum lässt? Wenn wir unsere Religion wichtiger nehmen als Gott selbst, überhöhen wir Traditionen und Tendenzen unserer Glaubensgemeinschaft. Das kann unser Vertrauen auf das, was bei Gott möglich ist, erheblich einschränken. Oft hat Gott etwas viel Höheres und Überwältigenderes im Sinn, als wir uns vorstellen können. Er spielt nicht nach unseren Regeln, richtet sich nicht nach unseren Vorstellungen und tanzt nicht für den Götzen Religion.

Zum Glück konnte Philippus aus der kleinen Box seiner Religiosität entkommen und Gottes Führung annehmen. Er nahm die Gelegenheit wahr, dem äthiopischen Eunuchen erst Jesus vorzustellen und ihn dann zu taufen – und damit diesen ausländischen Außenseiter in dem sich erweiternden Kreis von Gottes Familie willkommen zu heißen. Dabei fand er selbst den Weg heraus aus dem religiösen Götzendienst hinein in die wahre Freiheit des Glaubens.

Diesen Weg hatte Jesus selbst gebahnt.

Alles weniger lieben

Ich glaube, keine andere Bibelstelle wirft bei mir mehr Fragen auf als Jesu Lehre in Lukas 14,25-26:

> *Es ging aber eine große Menge mit ihm; und er wandte sich um und sprach zu ihnen: „ Wenn jemand zu mir kommt und hasst nicht seinen Vater, Mutter, Frau, Kinder, Brüder, Schwestern und dazu sich selbst, der kann nicht mein Jünger sein." (L)*

Wie bitte? Mutter und Vater hassen? Die Ehefrau hassen? Die Kinder? Wovon spricht Jesus da?

Natürlich fordert er uns nicht auf, unsere Angehörigen wirklich zu hassen. Nur wenige Kapitel vor dieser Stelle antwortet er folgendermaßen auf die Frage, welches das wichtigste Gesetz sei: „Du sollst Gott, deinen Herrn, lieben mit deinem ganzen Herzen, von ganzer Seele, mit aller Kraft und deinem ganzen Verstand. Und auch deinen Mitmenschen sollst du so lieben wie dich selbst" (Lukas 10,27). Später sagt er zu seinen Jüngern: „Deshalb sage ich euch noch einmal: Ihr sollt einander lieben" (Johannes 15,17).

Was soll das jetzt heißen?

Zuerst sollten Sie bedenken, dass Jesus manchmal übertrieb, um eine Sache deutlich zu machen – das kennen wir von uns selbst ja auch.

Einmal wollte mein Sohn zu einem Basketballspiel, und als ich erwiderte, dass wir nicht hingehen könnten, meinte er: „Aber Papa, alle anderen Leute werden auch da sein." Meinte er buchstäblich die Weltbevölkerung von 6,9 Milliarden Menschen? Nein, er übertrieb, um sein Anliegen deutlich zu machen, und ich verstand genau, was er meinte.

Ich glaube, so war das auch von Jesus gemeint, als er seinen Jüngern sagte, sie sollten ihre Familie hassen. Er übertrieb, um klarzustellen: „Alle anderen Beziehungen und Aktivitäten sollen verblassen im Vergleich zu eurer Liebe zu mir." Mit anderen Worten: „Mach aus dem Guten nicht das Ultimative."

Passiert nicht genau das häufig mit der Religion? Wir machen aus Traditionen und Meinungen, die an sich vielleicht gut und liebenswert sind, etwas Ultimatives. Wir verleihen ihnen Götzenstatus.

Nachdem ich einmal eine ganze Zeit über diesen Abschnitt reflektiert hatte, schrieb ich in mein Tagebuch: „Pete, deine größte Versuchung im Leben wird nicht sein, dem nachzujagen, was lächerlich böse ist, sondern dem, das trügerisch gut ist." Das gilt sicherlich für viele von uns.

Jesus hat nie gesagt, dass wir keine religiösen Präferenzen haben dürfen. Es ist nicht verkehrt, traditionelle Musik mehr zu mögen als moderne (oder umgekehrt). Es ist nicht verkehrt, Gottesdienst in einer Turnhalle feiern zu wollen oder sogar unter einer Brücke statt in einem alten Kirchengebäude mit spitzem Turm. Es ist nicht verkehrt, wöchentlich zum Abendmahl zu gehen statt vierteljährlich. Es ist nicht verkehrt, sich für soziale Gerechtigkeit, das Auswendiglernen von Bibelstellen oder die Teilnahme an einem Hauskreis einzusetzen. Jesus hat bloß gesagt, wir sollen nicht zulassen, dass aus diesen Vorlieben und Traditionen Regeln werden, die man anderen aufzwingt, wenn sie ihm nachfolgen wollen. Man soll aus dem Guten nicht das Ultimative machen. Anders ausgedrückt: Hüten Sie sich, etwas Gutes als etwas Göttliches zu verehren, denn das kann einengen und vieles kaputt machen.

Warum? Ganz einfach, weil keine religiöse Tradition oder Vorliebe das Herz des Sünders reinigen oder ewiges Leben schenken kann. Kein Gesetz, keine Vorschrift kann im menschlichen Herzen eine Explosion von Liebe und Freude hervorrufen. Was das Gesetz nicht konnte, tat Gott durch seinen eigenen Sohn Jesus. Doch Religion verschiebt häufig den Fokus von dem, was Christus tat, auf unsere eigenen Leistungen. Sie lässt uns eher auf das konzentrieren, was in der Gleichung Jesus + _____ an der Leerstelle steht, anstatt auf das Kreuz.

Religion kontra Evangelium

Ich glaube, das ist der Hauptunterschied zwischen einer von Menschen gemachten Religion, die zu Götzenverehrung führt, und dem gottgegebenen Evangelium, das wahre Veränderung mit sich bringt.

Die Religion sagt, wenn wir Gott gehorchen, wird er uns lieben. Das Evangelium sagt, dass wir gehorchen *können*, weil Gott uns durch Jesus liebt. Die Religion sagt, wir sollen auf das trauen, was wir als gute, moralische Menschen tun. Das Evangelium sagt, wir sollen auf das absolut sündlose Leben Jesu trauen, denn er ist der einzige gute, wahrhaft moralische Mensch, der je auf dieser Erde gelebt hat und leben wird. Der Schwerpunkt von Religion liegt oft darauf, von Gott Dinge wie Gesundheit, Wohlstand, Wissen, Macht und Kontrolle zu bekommen. Der Schwerpunkt des Evangeliums liegt aber nicht auf Gottes Gaben, sondern auf Gott selbst – in der Gestalt Jesu als dem Geschenk, das wir in Gnade erhalten. Die Religion führt mich zu einer Unsicherheit, wie ich vor Gott dastehe, denn ich weiß nie, ob ich genug getan habe, damit Gott zufrieden ist. Das Evangelium führt mich zu einer Gewissheit, wie ich vor Gott dastehe, denn Gott hat schon alles für mich am Kreuz getan.

Wenn wir uns nicht darauf konzentrieren, wer Jesus wirklich ist, wenn uns die Bedeutung seines Opfertodes am Kreuz und seine siegreiche Auferstehung nicht bewusst werden, ist es uns praktisch unmöglich, den leeren Versprechen dieser Welt zu widerstehen – einschließlich der Versprechen der Religion. Denn unser Leben muss mit etwas ausgefüllt sein. So sind wir beschaffen.

Ein Meer ohne Ufer

Gerade geht für mich eine ziemlich anstrengende Zeit zu Ende. Neben meinem Predigtdienst und Vorträgen bei großen Konferenzen habe ich eine internationale Lesereise gemacht – und nun bin ich ganz schön erschöpft.

Das kann ich niemandem vorwerfen außer mir selbst. Bei meiner Zeitplanung habe ich ein paar Fehler gemacht und auf diese Weise manches auf die harte Tour gelernt. Was mir dabei auffällt: Wenn ich körperlich und geistig müde werde, greife ich auf den Versuch zurück, mir Gottes Liebe zu verdienen. Ich lasse mich von Schuldgefühlen überrollen. Ich lasse Zweifel tief in mich einsickern und stelle Gottes gute Absichten infrage. Ich frage mich, ob ihn meine Situation kümmert und ob er darum weiß.

Diese Woche habe ich Vorträge auf einem Kreuzfahrtschiff gehalten. (Ich hoffe, Sie bedauern mich ein wenig, dass ich so unbequeme Dinge erlebe …) Ich war zum ersten Mal überhaupt auf einem Schiff, und dann auch noch mitten auf dem Meer. Einmal fuhren wir sechsunddreißig Stunden am Stück, ohne Land zu sehen. Es kam mir beinahe unwirklich vor, als ich an der Reling stand und einfach nur auf das Meer hinausblickte. Nichts als Wasser, so weit das Auge reichte. Nur der ungezähmte, endlose Ozean.

David Crowder, ein Musiker, der auch Lobpreisteams leitet, hat gerade ein neues Lied mit dem Titel „Sometimes" (Manchmal) herausgebracht. Im Refrain heißt es über Gottes Liebe, sie sei „ein Meer ohne Ufer"[2]. Dieser schöne Text kam mir in den Sinn, als ich die wundervollen Worte von Paulus in Römer 8,31-34 las:

> *Kann man wirklich noch mehr erwarten? Wenn Gott für uns ist, wer kann dann gegen uns sein? Gott, der für uns seinen eigenen Sohn geopfert hat, sollte er uns noch etwas vorenthalten? Wer könnte es wagen, die von Gott Auserwählten anzuklagen? Niemand, denn Gott selbst hat sie von aller Schuld freigesprochen. Wer wollte es wagen, sie zu verurteilen? Keiner, denn Christus ist für sie gestorben, ja noch mehr: Er ist vom Tode auferweckt worden und tritt jetzt vor Gott für uns ein.*

Denken Sie doch mal darüber nach. Wenn Gott für Sie ist, wer kann dann gegen Sie sein? Denn Gott selbst tritt für Sie ein. Der Apostel sagt dann weiter:

> *Was also könnte uns von Christus und seiner Liebe trennen? Leiden und Angst vielleicht? Verfolgung? Hunger? Armut? Gefahr oder gewaltsamer Tod? Gewiss nicht! Es heißt ja schon in der Heiligen Schrift: ‚Wie Schafe, die geschlachtet werden sollen, wird man uns deinetwegen überall verfolgen und töten.'*
>
> *Aber dennoch: Wir werden über das alles triumphieren, weil Christus uns so geliebt hat. Denn da bin ich ganz sicher: Weder Tod noch Leben, weder Engel noch Dämonen, weder Gegenwärtiges noch Zukünftiges, noch irgendwelche Gewalten, weder Himmel noch Hölle oder sonst irgendetwas können*

uns von der Liebe Gottes trennen, die er uns in Jesus Christus,
unserem Herrn, bewiesen hat. (Verse 35-39)

Sind das nicht faszinierende Verse, die unsere Perspektive völlig verändern? Sie greifen zwei bedeutende Gründe heraus, warum die Religion für uns so schnell zum Götzen wird: Wir sehnen uns alle nach Liebe. Und: Wir denken häufig, Gottes Liebe sei begrenzt und an Bedingungen geknüpft.

Ich weiß, dass ich diesseits des Himmels nie die Größe der Liebe Gottes zu mir und den Menschen auf dieser Welt erfassen werde; doch ich bin sehr dankbar für die Momente, in denen ich einen kurzen Blick auf seine alles umfangende, unendliche Liebe erhasche. Diese Liebe, die wahrhaft ein Meer ohne Ufer ist.

Und malen Sie sich einfach nur die Freiheit aus, die sich mit dem Glauben einstellt, dass Jesus wirklich genügt. Was würde in Ihrem Leben geschehen, wenn Ihnen aufginge, dass Gott weder erwartet noch will, dass Sie sich seine Liebe verdienen, sondern dass er Ihnen durch Jesus von Anfang an mit seiner Liebe nachläuft?

Nicht Jesus plus irgendetwas schenkt uns Erlösung.

Nicht Jesus plus irgendetwas schenkt uns Sinn, Trost oder Sicherheit.

Nicht Jesus plus irgendetwas bestimmt unsere Identität.

Es ist Jesus allein. Alles andere sind bloß leere Versprechen.

Kapitel Acht

Die Sehnsucht nach Schönheit

Als junges Mädchen von vierzehn Jahren blätterte Annie eines Nachmittags alte Fotoalben durch und starrte die Bilder ihrer Mutter an, die da im selben Alter wie Annie zu sehen war. Doch das war kein harmloser Zeitvertreib. Der Ausdruck in Annies Augen verriet Schmerz.

Annie ist eine Freundin von mir. Ich kenne sie seit Jahren, und mir ist schon immer bewusst, dass ihr Aussehen ihr extrem wichtig ist. Sie gehört zu den Frauen, die immer perfekt zurechtgemacht sind – jedes Haar an der richtigen Stelle, perfektes Make-up, die Kleidung immer hübsch und makellos. Ihr Wunsch ist es, in den Augen der anderen attraktiv zu sein. Ihr Selbstbild und -wert hängen vollkommen davon ab. Lange hatte ich keine Ahnung, woher diese übertriebene Sorge um das Äußere kam, bis sie es mir eines Tages erklärte: Ihr Verhalten wurzelte in der Art, wie ihre Mutter sie behandelt hatte.

„Wie denn?", fragte ich. „Welche Rolle spielt deine Mutter dabei?" Da erzählte sie mir eine der verdrehtesten und herzzerreißendsten Geschichten, die ich je gehört habe.

„Mit vierzehn fiel mir allmählich auf, dass manche Mädchen Aufmerksamkeit erregten, weil sie ein bestimmtes Aussehen hatten, während andere Mädchen häufig übersehen oder überheblich behandelt wurden. Natürlich wollte ich als hübsch gelten und tat alles, um die Mädchen zu imitieren, die meiner Meinung nach so betrachtet wurden. Von meiner Kleidung über das Make-up bis zur Frisur hatte ich nichts anderes mehr im Sinn. Stundenlang blätterte ich die Teeniefotos meiner Mutter durch. Sie war wunderschön. Ich fragte mich, ob ich je so hübsch sein würde wie sie.

Eines Nachmittags machte ich mich fertig, um mit ein paar Freundinnen ins Einkaufszentrum zu gehen. Als ich zu meiner Mutter ins

Auto stieg, sah sie mich an und fragte: ‚Was in aller Welt hast du denn vor?'

‚Wieso?', erwiderte ich.

‚Annie', sagte sie, ‚du kannst doch nicht ohne Make-up unter die Leute gehen. Bist du denn verrückt? Du siehst scheußlich aus.'

Als Vierzehnjährige trafen mich die Kommentare meiner Mutter bis ins Mark. Ein Jahr später bekam ich eine Woche Stubenarrest, weil ich einen Tag ohne Make-up zur Schule gegangen war. Und am Abend meines Abschlussballs kam sie wenige Minuten, bevor ein Freund mich abholen wollte, zu mir ins Zimmer. In einem Wutanfall zerstörte sie meine mühsam zurechtgemachte Frisur und schrie: ‚So kannst du nicht gehen! Deine Haare sehen ja furchtbar aus! Mach dich jetzt anständig zurecht!'"

Ich merkte, wie Annies Hände zitterten, während sie mir ihre Geschichte erzählte. Als ich an all die verbalen und seelischen Misshandlungen dachte, die sie durchgemacht hatte, wurde mir ihr Verhalten klar. Jetzt verstand ich, warum sie Schönheit zu ihrem Götzen gemacht hatte. Sie erwartete von ihrem Aussehen die Bestätigung, die nur Gott ihr geben konnte.

Die Bestrafungsschleife

Meine Freundin Annie ist damit nicht allein – ganz und gar nicht. Nach einer neueren Studie haben Frauen im Durchschnitt jeden Tag dreizehn negative Gedanken zu ihrem Körper[1], Gedanken wie: Ich bin zu fett. Ich bin zu dünn. Mein Busen ist zu klein. Meine Ohren sind zu groß. Meine Haare sind zu kraus. Mit diesem Körper will mich doch sowieso kein Mann.

Solche Selbstkritik fängt schon früh an. Eine weitere Studie hat ergeben, dass sich in den USA schon drei- bis sechsjährige Mädchen Sorgen um ihr Gewicht machen, und etwa ein Drittel von ihnen sagte, sie wollten an ihrem Körper etwas ändern.[2]

Probleme mit dem Aussehen beschränken sich jedoch nicht auf Frauen und Mädchen. Auch Männer haben damit zu kämpfen. Ich weiß noch, dass ich schon in einem sehr frühen Alter die neuesten und tollsten Tennisschuhe haben wollte. Ich erinnere mich, dass mich andere Kinder in der siebten Klasse wegen meiner Jacke auslachten. Und wie ich mich geschämt habe, als ich die ersten Pickel bekam.

Die meisten von uns erleben schon früh, wie ge-wichtig unser Aussehen in unserer Kultur ist. Blättern Sie nur eine Zeitschrift durch. Schalten Sie die Werbung ein. Betreten Sie einen Raum und beobachten Sie, wohin der Blick der Versammelten wandert. Fernsehen, Filme, Zeitschriften und Werbung bombardieren uns jeden Tag mit denselben leeren Versprechen: „Schlank in zehn Tagen." „Wie man zwanzig Jahre jünger aussieht." „Werden Sie die hässliche Cellulite los." „Benutzen Sie dieses Shampoo und bekämpfen Sie damit Ihren Haarausfall." „Mit diesem Deo werden Ihnen die Frauen zu Füßen liegen." Und wofür das alles? Für den perfekten Körper. Das polierte Image. Das richtige Aussehen.

Doch hier geht es um viel mehr. Hier geht es um Erfüllung unserer Sehnsüchte. Hier geht es um den Wunsch, bewundert, begehrt und geliebt zu werden. In gewisser Weise ist auch dies eine Machtfrage – zu kontrollieren, wie andere auf uns reagieren. Und unsere Kultur ist offenbar ganz darauf angelegt, den Götzen des jugendlichen Aussehens zu verehren.

Vor einigen Jahren kam der britische Künstler Marc Quinn in die Schlagzeilen, weil er eine lebensgroße goldene Skulptur von Supermodel Kate Moss geschaffen hatte, die den Berichten zufolge fast drei Millionen Dollar wert ist – also knapp 2,4 Millionen Euro. Als Quinn gefragt wurde, warum er das größte Kunstwerk dieser Art seit dem alten Ägypten gestaltet hatte, antwortete er: „Ich wollte eine Skulptur derjenigen anfertigen, die das derzeitige Schönheitsideal verkörpert."[3]

Diese Skulptur ist ein Beleg dafür, wie die Gesellschaft Supermodels als Vorbilder körperlicher Perfektion feiert – ein übersteigertes Beispiel unserer Tendenz, andächtig am Altar der Schönheit zu verharren.

Haben nicht auch wir manchmal damit zu kämpfen? Kennen Sie Szenarien wie diese? Wir sind neidisch oder abwertend denen gegenüber, die eine Art von Schönheit verkörpern, die wir nie zu erreichen glauben. Wir machen spöttische Bemerkungen über junge, blonde, muskulöse oder unmöglich dünne Menschen. Oft machen wir uns eher Sorgen und Gedanken über unser Aussehen als über unsere innere Entwicklung. Vielleicht stört es uns, wie viel Geld wir für Haare, Make-up, Fitnessstudio, Kleidung oder andere Dinge ausgeben, die mit dem Äußeren zu tun haben, und wir haben uns geschworen, die Ausgaben zu drosseln, schaffen es aber nicht. Oft verwenden wir mehr Zeit dafür, Schönheitstipps zu lesen, anstatt unsere Seele von Gottes Wort ausgestalten zu lassen. Regelmäßig lassen wir in Gedanken Negatives abspulen, das mal jemand über unser Äußeres gesagt hat; das beeinflusst auch unsere Stimmung.

Ich würde mich wundern, wenn nicht mindestens einer oder zwei Punkte davon auf jeden von uns zutreffen. In unserer Kultur kann man es kaum vermeiden, übertrieben viel Wert auf seine äußere Erscheinung zu legen. Betrachten wir daher einige der fundamentalen Lügen über unser Aussehen, mit denen uns unsere Kultur gespeist hat.

Lüge 1:
Mit Schönheit bekomme ich, was ich will

Kurzfristig ist diese erste Behauptung eigentlich überhaupt keine Lüge. Doch das entscheidende Wort ist *kurzfristig*. Schönheit kann mir wirklich helfen, das zu bekommen, was ich will – eine Zeit lang. Es lässt sich schlecht leugnen, dass gut aussehende Menschen oft mit Jobs, Freundschaften, Beziehungen und Aufmerksamkeit belohnt werden. Doch genau wie die anderen Götzen erweist sich Aussehen am Ende ebenfalls als leeres Versprechen.

Dafür gibt es mehrere Gründe. Zum einen schwindet die Schönheit an sich irgendwann dahin. Das kommt automatisch mit dem Alter. Ernährung, Sport, Haarefärben und plastische Chirurgie können diesen Prozess zwar verzögern, doch aufhalten können sie ihn nicht. Aus rein naturgesetzlichen Gründen enttäuscht der Götze der äußeren Erscheinung letztlich alle.

Doch selbst wenn sich äußere Schönheit immer beibehalten ließe, wäre sie ein leeres Versprechen, denn sie kann nicht leisten, worum wir sie bitten: Sie kann uns nicht die innere Zufriedenheit bringen, die wir uns von ihr so verzweifelt erhoffen.

Nie genug

Dafür ist die biblische Geschichte von Rahel (1. Mose 29-30) ein hervorragendes Beispiel. Wir haben diese Geschichte weiter oben aus der Sicht von Rahels späterem Ehemann Jakob betrachtet. Nun wollen wir sie uns aus Rahels Perspektive ansehen.

Wir erinnern uns, dass Rahel in puncto Aussehen reich gesegnet war. Sie war wesentlich hübscher als ihre ältere Schwester Lea und so umwerfend schön, dass Jakob sich auf den ersten Blick in sie verliebte. Er ließ sich sogar darauf ein, ganze vierzehn Jahre für Laban, ihren Vater, zu arbeiten, um sie zu heiraten. Vierzehn Jahre! Als Laban ihn hereinlegte und ihm zuerst Lea zur Frau gab, hielt er durch, bis er auch Rahel gewann. So viel bedeutete sie ihm.

Rahel war hübsch, und ihr Mann liebte und verehrte sie. Was will eine Frau mehr. Stimmt's?

Stimmt nicht.

Das, was Rahel noch wollte, war im Grunde das, was wir alle wollen: was wir nicht haben. Und was Rahel nicht hatte, waren Kinder.

Rahels Eifersucht und Enttäuschung eskalierten, als sie sah, dass Lea nacheinander sechs Söhne und dann eine Tochter gebar. Jedes Mal, wenn einer der Säuglinge schrie, jedes Mal, wenn eines der Kinder Geburtstag hatte – jedes dieser Ereignisse muss Rahel schmerzlich daran erinnert haben, dass ihr Leben nicht nach ihren Wünschen verlief. Obwohl sie so gesegnet war, konnte sie sich auf nichts anderes konzentrieren als auf das, was sie nicht hatte.

In einem Augenblick vollkommener Verzweiflung schrie sie Jakob an:

„Verschaff mir endlich Kinder, sonst will ich nicht länger leben" (1. Mose 30,1). Im Grunde verkündete sie damit, dass ihr Leben nichts wert sei, solange sie keine Kinder hatte.

Rahel besaß zwar Schönheit, doch sie sehnte sich verzweifelt nach einem Kind, das ein Beleg für ihren Wert und ihre Bedeutsamkeit sein sollte. Doch was wäre geschehen, wenn sie erst ein Kind bekommen hätte?

Wir brauchen nicht zu rätseln, denn das 1. Buch Mose erzählt uns die ganze Geschichte. Gott war Rahel gnädig, und schließlich bekam sie einen eigenen Sohn. Sie nannte ihn Josef, was bedeutet: „Gott fügt hinzu." Und was geschieht nun? Als Rahel endlich bekam, was sie zu ihrem vollkommenen Glück zu brauchen glaubte, merkte sie, dass es ein leeres Versprechen gewesen war. Also sehnte sie sich nach etwas anderem: nach einem weiteren Kind. Sie glaubte, sie müsse es unbedingt haben, und daher machte sie es sich zum Gott.

Genau das ist das Wesen von leeren Versprechen: Wenn wir das haben, dem wir hinterhergejagt sind, wandern wir weiter zur nächsten Sache; denn leere Versprechen erfüllen uns nicht, sondern lassen uns immer wieder leer zurück.

Nicht Rahels Kinderwunsch *an sich* bedeutete die Verehrung eines falschen Gottes. Es ist nichts verkehrt daran, sich Kinder zu wünschen, genauso wie es nicht per se falsch ist, gut aussehen zu wollen. Nein, Rahels Problem bestand darin, dass ihr Kinderwunsch ihr alles überragender Wunsch war. Sie musste eins haben, um sich *vollständig* und lebendig zu fühlen.

Die große Ironie ist: Je mehr wir uns auf einen falschen Gott konzentrieren, desto weniger erfüllt sind wir in unserem Innern. Unsere lebenslange Suche endet in Leere; wir erzielen nie die Zufriedenheit, nach der wir uns sehnen, denn die falschen Götter, von denen wir abhängen, können ihre Versprechen nicht halten.

Das muss ich haben ...

Ich schäme mich, wie oft ich schon in dieselbe Falle getappt bin wie Rahel und (laut oder nur in meinem Innern) geschrien habe: „Gib mir dies oder das, sonst muss ich ganz bestimmt sterben."

Gibt es in Ihrem Leben auch etwas, nach dem sich Ihr Herz so sehnt, dass Sie denken: *Das muss ich haben, damit mein Leben glücklich und sinnvoll ist?* Wenn die Antwort Ja lautet und nicht Gott ist, dann wissen Sie, dass Sie einem Götzen nachrennen. Er übernimmt die Funktion Ihres Gottes.

Wenn ich nur etwas besser aussähe, wäre ich glücklich. Wenn ich doch nur heiraten könnte, dann wäre mein Leben ausgefüllt. Wenn wir doch nur ein Kind bekämen, dann würde ich mich ganz fühlen. Wenn wir nur in einem größeren Haus wohnen könnten, wäre ich zufrieden. Wenn ich bis zum stellvertretenden Geschäftsführer (oder CEO) aufsteigen könnte, das wär's.

Klingt das vertraut? Wenn ja, haben Sie vielleicht auch schon den Haken entdeckt – nämlich dass alles andere als Gott Sie schließlich enttäuschen wird. Sich übermäßig auf Äußerlichkeiten zu konzentrieren oder auf sonst etwas, worauf die Welt Wert legt, macht Sie letztlich unglücklich, traurig und hoffnungslos, denn es kann Ihre innere Leere nicht stillen.

Die zerstörerische Falle

Ich glaube, meist haben wir keine Ahnung, wie tödlich Götzen wie die äußere Erscheinung sein können. Wir haben keine Ahnung von den destruktiven Pfaden, auf die uns diese leeren Versprechen führen können.

Jesus nahm kein Blatt vor den Mund, als er sagte: „Der Dieb kommt, um zu stehlen, zu schlachten und zu vernichten" (Johannes 10,10). Für den Dieb gibt es nichts Schnelleres, Effektiveres, um uns zu vernichten, als uns dazu zu bringen, auf seine leeren Versprechen hereinzufallen.

Und ich glaube absolut, einer der verbreitetsten Pläne, die sich der Böse für unsere Kultur zurechtgelegt hat, ist das leere Versprechen, das mit der vergänglichen Eigenschaft namens Schönheit daherkommt.

Bedenken Sie doch nur, wie verbreitet es ist. Jedes Jahr geben US-Amerikaner etwa 20 Milliarden Dollar für Kosmetik aus (die Deutschen etwa 1,5 Milliarden), 2 Milliarden für Haarpflegeprodukte, 74 Milliarden für Diätlebensmittel und 7,4 Milliarden für Schönheitschirurgie. [4] Ungeheuer viele junge Männer und Frauen tappen in die destruktive Falle, all ihre Hoffnungen auf ihr Aussehen zu setzen. Und viele ernten nicht nur Enttäuschung, sondern bringen ihren Körper und ihre Seele in tatsächliche Gefahr.

Nehmen Sie beispielsweise meine Freundin Michelle. Michelle erzählte mir, dass sie sich zum ersten Mal als dick empfand, als sie acht Jahre alt war. Sie erinnert sich noch genau, wie sie bei einer Schulversammlung zwischen zwei Freundinnen saß. „Mir fiel auf", erzählte sie mir, „dass meine Beine dicker waren als die meiner Freundinnen. Sofort rutschte ich auf der Sitzfläche nach hinten und stellte meine Füße auf die Zehenspitzen, damit meine Beine nicht so hervorquollen. Die ganze restliche Grundschulzeit legte ich meine Beine nicht mehr auf einer Stuhlfläche ab, außer wenn sie komplett unter meinem Tisch versteckt waren."

Während ihrer gesamten Jugend rang Michelle mit ihrem Körperbild. Während ihres ersten Semesters am College bekam sie das Pfeiffersche Drüsenfieber, wodurch sie nicht nur müde wurde, sondern auch ihren Appetit verlor. Sechs Wochen lang ernährte sie sich nicht ausreichend. Als sie wieder zum Arzt ging, war ihr bewusst, dass sie abgenommen hatte; doch sie hatte keine Ahnung wie viel, bis sie sich auf die Waage stellte. „Ich weiß noch, wie die Arzthelferin nach Luft schnappte, als sie die Gewichte an der Waage verschob. ‚Mädchen', sagte sie, ‚als du vor sechs Wochen hier warst, hast du 69 Kilo gewogen. Jetzt sind es nur noch 59.'"

Diese Neuigkeit wurde für Michelle zu einem dunklen Augenblick, da ihr lebenslanger Kampf mit diesem falschen Gott von da an gefährlich in Fahrt kam: Sie war in die erschreckende Welt der Magersucht eingetreten.

Gleich rechnete Michelle durch: Wenn ich ohne Training knapp zwei Kilo pro Woche abgenommen habe, wie viel Gewicht könnte ich dann erst verlieren, wenn ich regelmäßig Sport treiben würde? Noch am selben Tag schwor sich Michelle, sie würde alles Notwendige unternehmen, um auf ihr „perfektes Gewicht" zu kommen, das weit unter ihrem damaligen Gewicht von 59 Kilo lag. Dieses neue Ziel nahm sie sehr in Anspruch. Täglich trieb sie mehrere Stunden Sport und hielt eine sehr strenge Diät. Weitere sechs Wochen später wog sie nur noch 52 Kilo.

„Überall wo ich auftauchte, bekam ich Komplimente", erinnerte sie sich. „Frauen aus der Gemeinde wollten mein Geheimnis erfahren. Mädchen, die ich nicht kannte, warfen mir neidische Blicke zu, wenn sie an mir vorübergingen. Überraschender als all das war jedoch, dass ich plötzlich die Aufmerksamkeit der Jungs am College auf mich zog. Als Mädchen, das immer nur ‚eine von denen' gewesen war, betrat ich Neuland und genoss die Aufmerksamkeit. Es klingt vielleicht unglaubwürdig", fügte sie hinzu, „doch ich fühlte mich noch immer dick, obwohl ich nur knapp über 50 Kilo wog. Daher wurden meine Portionen beim Essen kleiner und kleiner, bis ich ganze Mahlzeiten ausließ und mehrere Appetitzügler und Fettverbrenner nahm."

Bei all der neuen Aufmerksamkeit, die Michelle erfuhr, beschloss sie, an Schönheitswettbewerben ihrer Region teilzunehmen. Als sie bei der Wahl zur Miss Tennessee hinter der Bühne stand, tuschelten alle Mädchen darüber, wie mager sie war. „Ich hörte nur halb hin, als sie sich darüber entsetzten, wie dünn ich war. Mir machte mein Spiegelbild viel mehr Sorge. Noch immer wünschte ich mir, dass mein Bauch etwas flacher wäre."

Eine der anderen Wettbewerberinnen forderte sie auf, sich auf die Waage zu stellen. Da Michelle dachte, noch immer um die 50 Kilo zu wiegen, ließ sie sich darauf ein und stellte dann fest, dass es nur noch knapp 45 waren. In diesem Augenblick ging Michelle auf, dass sie ein echtes Problem hatte. Sie wusste aber nicht, was sie tun sollte. Alles wurde noch komplizierter, als ihre solide Beziehung zu Gott zu bröseln begann.

Wie wir immer wieder gesehen haben, ist es unmöglich, den leeren Versprechen dieser Welt Glauben zu schenken und gleichzeitig Gott die oberste Priorität zuzugestehen. Wissen Sie noch, was Jesus über Geld sagte? „Niemand kann gleichzeitig zwei Herren dienen. Wer dem einen richtig dienen will, wird sich um die Wünsche des anderen nicht kümmern können. Genauso wenig könnt ihr zur selben Zeit für Gott und das Geld leben" (Matthäus 6,24). Das lässt sich gleichermaßen auf andere falsche Götter anwenden, einschließlich der Schönheit.

In Michelles Fall waren es die Schuldgefühle, die sie weiter und weiter vom Glauben wegtrieben. „Wie hätte Gott denn ein Mädchen gebrauchen können, das das Abendmahlbrot im Mund behielt, ohne es zu schlucken?", fragte sie mich. „Ich wartete bis zum Gebet, schlich mich über den Gang zum Bad und spuckte Brot und Traubensaft in die Toilette. Ich konnte mich nicht dazu durchringen, zehn Kalorien zu opfern, um mich daran zu erinnern, dass Jesus einen schrecklichen Tod erlitten und sich geopfert hatte, damit ich in Ewigkeit bei ihm sein konnte."

Doch am 14. April 2005 bekam Gott endlich Michelles Aufmerksamkeit. Nach dreizehn Tagen ohne eine einzige Mahlzeit lief sie los, um für einen Marathon zu trainieren. Doch nach 30 Kilometern verschwamm alles vor ihren Augen. Sie stolperte und fiel zu Boden. Ihre 42 Kilo schlugen auf den Asphalt. „Ich konnte buchstäblich spüren, wie all meine spröden Knochen gleichzeitig brachen", erinnerte sie sich.

Wie lange sie ohnmächtig war, weiß sie nicht mehr. Doch schließlich erlangte sie das Bewusstsein wieder und hinkte zu ihrem Auto. Ihr war klar, dass sie dringend Hilfe brauchte. An diesem Tag bekannte sie ihren Freunden und Verwandten – und Gott – gegenüber, dass bei ihr ernstlich etwas schieflief. Von da an begann ihr langer, zäher Weg der Heilung.

Michelle ist nur eine von annähernd sieben Millionen Frauen und Mädchen und einer weiteren Million Männern und Jungen in den USA, die an Essstörungen leiden. Ihre Geschichte erleben Abermillionen Menschen weltweit. Zu diesen komplexen Störungen gehört natürlich mehr als lediglich eine Fixierung auf das Aussehen – genetische

Faktoren, das psychologische Profil, die persönliche Geschichte, selbst Mineralmangel mag eine Rolle spielen –, doch ein wichtiger Faktor ist mit Sicherheit auch, dass es in unserer Kultur dem Ideal entspricht, schlank zu sein.

Essstörungen sind jedoch nicht die einzigen potenziell destruktiven Konsequenzen unseres Schönheitswahns. Letzte Woche erst las ich, dass eine Mutter in San Francisco ihrer achtjährigen Tochter Botox gespritzt hatte, um ihre „Falten" zu mindern. Ja, richtig gelesen – einem achtjährigen Kind. Und warum? In der mörderischen Welt der Schönheitswettbewerbe für Kinder verschafft Botox ihr offenbar einen Vorteil. Zu ihrer Verteidigung sagte die Mutter: „Das machen doch alle." Offenbar ist das ein Wettbewerbsgeheimnis, das viele Mütter anwenden.[5] Doch wer weiß, wie die Folgen aussehen, wenn immer mehr Menschen in einer Gesellschaft aufwachsen, die bereit ist, alles – sogar Gesundheit und Wohlbefinden – auf dem Altar des Aussehens zu opfern.

Lüge 2:
Ich bin, wie ich aussehe

John ist ein erfolgreicher Geschäftsmann hier in Nashville. Ich bewundere ihn aus tausenderlei Gründen, darunter auch für sein Familienleben. Wenn wir zusammen sind, löchere ich ihn mit Fragen über Erziehung, Beruf und das Leben überhaupt.

Neulich beim Essen fragte ich John, wie es seiner Frau Kim und seinen erwachsenen Töchtern gehe.

„Gut, dass du fragst", erwiderte er. „Kürzlich gab es einen großen Durchbruch in unserer Familie. Letzte Woche", fuhr er fort, „waren alle Töchter mit ihren Familien zum Abendessen da. Wir haben viel gelacht und uns Neuigkeiten erzählt. Ein Großteil unserer Gespräche war Small Talk über das Wetter, unsere Jobs und die jüngsten Errungenschaften unserer Enkel. Dann habe ich den Kindern unsere neueste iPhone-App gezeigt. Kim und ich zählen seit Januar damit unsere Kalorien. In den vergangenen vier Monaten haben wir gemeinsam über 10 Kilo abgenommen, nur weil wir Kalorien gezählt haben. Doch dann passierte etwas äußerst Seltsames, Pete. Als ich meinen Töchtern diese neue App zeigte, fing Leslie, unsere älteste, schrecklich an zu weinen. Wir starrten sie an und fragten uns, was in aller Welt passiert oder gesagt worden war, das so etwas ausgelöst hatte. Kim, die direkt neben ihr saß, legte einen Arm und sie und fragte: ‚Leslie, was ist los mit dir, Schatz?‘ Sie sammelte sich und eröffnete schließlich: ‚Papa, ich muss dir etwas sagen, das mich schon seit Jahren quält.‘ Sie sah mir direkt in die Augen. ‚Als ich zwölf war, hast du mir einmal gesagt, ich würde etwas rundlich aussehen. Deine Bemerkung hat mich jetzt 22 Jahre lang verfolgt. Es vergeht kaum ein Tag – und ganz gewiss keine Woche –, ohne dass ich an diese Worte denken muss. Ich weiß, du wolltest mir nicht wehtun, doch dieser Satz hatte große negative Auswirkungen auf mein Leben.‘“

Johns Geschichte bestürzte mich. „Was hast du ihr geantwortet?“, fragte ich.

„Ich habe mit ihr geweint“, erwiderte er, „und ihr gesagt, dass es mir unendlich leidtut. Als Mädchen neigte sie zu leichtem Übergewicht. Ich wollte sie beschützen. Ich wollte ihr helfen, gute Entscheidungen zu treffen. Ich hätte mir niemals vorstellen können, dass sie meine unachtsamen Worte so getroffen haben. Gott sei Dank war sie so tapfer, ehrlich zu sein, sodass wir diesen zerbrochenen Teil unserer Beziehung heilen lassen konnten.“

Für mich als Pastor wäre es jetzt verlockend, eine Minipredigt darüber zu halten, wie jedes einzelne Wort von uns einen gewaltigen Einfluss auf unsere Mitmenschen hat und ihr Leben formt. Doch ich möchte mich auf die Tatsache konzentrieren, dass Johns Tochter Leslie es jahrelang zugelassen hatte, dass der Kommentar ihres Vaters über ihr Äußeres zu ihrer eigenen Haltung über sich selbst beitrug. Da sie sich selbst als rundlich empfand, betrachtete sie sich als unerwünscht und abgelehnt. Wie so viele andere Menschen unseres Kulturkreises war sie geprägt von der Lüge: „Ich bin, wie ich aussehe.“

Meine Freundin Michelle, die ebenfalls auf diese Lüge hereingefallen war, hat ein faszinierendes Büchlein mit dem Titel *The Look That Kills*

(Der Blick, der tötet) geschrieben. Darin erzählt sie von ihrer Geschichte und ihrer Heilung – in der Hoffnung, anderen Frauen zu helfen. Sie schreibt:

Schon als Kind und während der gesamten Pubertät träumten meine Freundinnen und ich davon, Miss America zu sein, Schauspielerin zu werden oder ein Supermodel – irgendetwas, das unsere Schönheit bestätigen würde. Mit der Pubertät hört das nicht auf. Allein in den USA geben Frauen jedes Jahr mehr Geld für Schönheitsprodukte aus als unsere gesamte Nation für Bildung. Frauen – darunter auch gottesfürchtige Frauen – legen viel zu viel Wert auf äußere Schönheit. [6]

Michelle gelangte schließlich an einen Punkt, an dem ihr aufging, dass, wer sie ist und wie sie aussieht, nicht dasselbe ist. Heutzutage versucht sie, mehr Gott mit ihrem Herzen zu gefallen als der Welt mit ihrem Aussehen. Sie schreibt weiter:

Schön zu sein in den Augen Gottes bedeutet für mich, sein Wort zu kennen, seine Gebote zu halten und demütig zu sein. Wenn ich daran denke, sehe ich zwangsläufig Lachen und Freude vor mir. Eine Frau mit einer solchen Persönlichkeit muss einfach nach außen hin strahlen. Ihr Herz ist so voll von Gott, dass man ihr das auch äußerlich abspürt. Um die Tiefe unserer Schönheit zu begreifen, müssen wir erst die Herrlichkeit des Herrn erkennen, dem wir dienen. [7]

Wahre Schönheit

Ach, könnten wir doch nur der Wahrheit Glauben schenken, dass wir von unserem Vater einzigartig geschaffen wurden (Psalm 139,14). Dass der Gott dieses Universums uns gemacht hat, uns liebt und uns ganz und gar annimmt – einschließlich unseres Aussehens. Ich glaube, um ein gesundes Selbstbild zu entwickeln, sollten wir anfangen, uns mit Gottes Augen zu sehen. In ihm, und nur in ihm, finden wir die Zustimmung und Wertschätzung, nach der sich unser Herz sehnt.

Der Wunsch, attraktiv zu sein, ist an und für sich gar nicht verkehrt. Nur wenn er einen so herausragenden Platz in unserem Herzen einnimmt, kann er zum zerstörerischen Götzen werden. Wenn wir auf der Grundlage der Schönheitsideale dieser Welt nach Bedeutsamkeit, Angenommensein und Macht streben, bleiben wir leer und verletzt zurück.

Mir gefällt Jesajas Darstellung von Gott als Töpfer und uns als Ton.

> *Dennoch bist du, Herr, unser Vater! Wir sind der Ton, und du bist der Töpfer! Wir alle sind Gefäße aus deiner Hand.*
> *(Jesaja 64,7)*

Erst wenn wir uns Gott ganz hingeben, kann der Töpfer unser Leben formen. Erst wenn wir unser übermäßiges Streben nach einer Schönheit aufgeben, mit der wir die Liebe anderer Menschen gewinnen wollen, kann er aus einem ehemals nutzlosen Klumpen Ton ein wunderschönes Kunstwerk gestalten.

Nur weniges ist attraktiver, als wenn ein Mensch ganz ist – so ganz, wie es nur ein Mensch sein kann, der sich Gott anvertraut hat. Der sich so annimmt, wie Gott ihn geschaffen hat und immer wieder formt und verändert. Solch ein Mensch besitzt wahre Schönheit, die Bestand hat und zufrieden macht.

Schließen möchte ich dieses Kapitel mit einem Stück aus Margery Williams altem Kinderbuch *Das Samtkaninchen*. Das Gespräch zwischen einem Stoffkaninchen und einem älteren, weiseren Plüschtier fasst zusammen, was ich für wahre Schönheit halte:

> *„Was heißt eigentlich echt?", fragte das Samtkaninchen eines Tages, als beide, bevor Nana zum Aufräumen kam, nebeneinander auf dem Fußboden im Kinderzimmer lagen. „Heißt*

es, dass man surrende Sachen im Bauch und einen Haltegriff im Rücken hat?"

„Echt hat nichts damit zu tun, wie man gemacht ist", sagte Pferdchen. „Es ist etwas, das mit dir passiert. Wenn dich ein Kind eine lange, lange Zeit liebt – wenn es nicht nur mit dir spielen will, sondern wenn es dich wirklich liebt –, dann wirst du echt."

„Tut das weh?", fragte Samtkaninchen.

„Manchmal", sagte Pferdchen, denn es war immer ehrlich. „Aber wenn man echt ist, macht einem der Schmerz nichts aus."

„Passiert das denn ganz plötzlich wie beim Aufziehen", wollte Samtkaninchen wissen, „oder eher Stück für Stück?"

„Es geschieht nicht auf einmal", sagte Pferdchen. „Man wird es. Das braucht viel Zeit. Deswegen passiert es auch nur ganz selten mit denen, die leicht kaputtgehen oder scharfe Kanten haben und die man sehr sorgfältig behandeln muss. Wenn man erst einmal echt ist, dann sind einem schon die meisten Haare weggeliebt worden und die Augen fallen dir heraus und deine Gelenke sind ausgeleiert und du bist ganz abgewetzt. Aber das macht alles nichts, denn wenn du erst echt bist, kannst du gar nicht mehr hässlich sein, höchstens für Leute, die keine Ahnung haben."[8]

Kapitel Neun

Die Jagd nach Träumen

Ich glaube, die meisten Menschen haben eine klare Vorstellung von ihrer Zukunft. Ich glaube sogar, dass viele dieser Hoffnungen und Wünsche schon in jungen Jahren in unserem Herzen aufkeimen. Der typische amerikanische Traum umfasst zum Beispiel ein großes Haus, einen erfüllenden (und lukrativen) Beruf und eine gute Ehe mit einem attraktiven Partner, aus der kluge, hübsche Kinder hervorgehen, die sich gut auf Weihnachtskartenfotos machen.

Ihr Traum mag etwas anders aussehen, doch ich wette, es gehören Varianten dessen dazu, was ich hier beschrieben habe. Wahrscheinlich haben Sie Ihren Traum nie aufgeschrieben, aber er ist in Ihre Gedanken eingraviert.

Auch unsere Träume erscheinen uns manchmal so begehrenswert, dass wir glauben, sie könnten unsere innere Sehnsucht stillen. Manchmal sind wir sogar versucht, unsere Werte aufzugeben, um unseren Träumen nachzujagen.

Doch so wunderbar unsere Träume auch sein mögen, sie sind immer nur Ersatz. Sie werden uns nicht das geben können, was Gott uns geben will. Oft verbringen wir viel Lebenszeit mit dem Versuch, Ereignisse zu kontrollieren und zu manipulieren, weil wir verzweifelt an unseren Zukunftsplänen festhalten. Und doch lesen wir in der Heiligen Schrift immer wieder, dass Gott die Menschen bittet, bereitwillig, ja sogar freudig den festen Griff um ihre Pläne zu lösen und Gott ihr Leben anzuvertrauen.

Eine solche Person war Abraham.

Ich kann mich gut mit Abraham identifizieren, denn er scheint mir ein recht durchschnittlicher Typ gewesen zu sein. Im Alten Testament wird nie etwas allzu Spektakuläres über ihn berichtet. Er hatte keine besonderen Gaben. Er war kein charismatischer Leiter, und ich wüsste von keinen großen Errungenschaften. Er war einfach ein ganz normaler Mensch wie Sie und ich.

Ich nehme an, er hatte Träume für sein Leben – wie die meisten von uns. Wenn wir an biblische Personen wie Abraham denken, meinen wir oft, sie hätten einfach nur herumgesessen und darauf gewartet, dass Gott auftaucht und mit ihnen redet. Doch als Gott das erste Mal auf Abraham zukam, malte der sich vermutlich gerade seine Zukunft aus.

Bedenken Sie: Der Mann hatte sich schon im Leben eingerichtet. Er hatte eine Frau und eine große Verwandtschaft. Er hatte sich einen Namen gemacht – damals hieß er noch Abram – und materiellen Reichtum angehäuft. Vielleicht dachte er über seine Altersvorsorge nach, während er für das alles die Verantwortung trug. Vermutlich kümmerte er sich um verschiedene Aufgaben und Probleme, die auf sein Leben eingestürzt waren. Und ich stelle mir vor, Abram hatte mehr als eine schlaflose Nacht, in der er sich fragte, wo es in seinem Leben langgehen sollte – ob er den Überblick behalten könnte über all das, was er für die Zukunft im Sinn hatte.

Vielleicht war es wieder so eine schlaflose Nacht, in der Gott Abrams Leben mit diesen unglaublichen Worten unterbrach:

„Geh fort aus deinem Land, verlass deine Heimat und deine Verwandtschaft, und zieh in das Land, das ich dir zeigen werde! Deine Nachkommen sollen zu einem großen Volk werden; ich werde dir viel Gutes tun; deinen Namen wird jeder kennen und mit Achtung aussprechen. Durch dich werden auch andere Menschen am Segen teilhaben." (1. Mose 12, 1-3)

Mal sehen

Wenn es etwas gibt, das bei Kindern größten Frust auslöst, dann die gefürchteten Worte ihrer Eltern: „Mal sehen."

„Papa, dürfen wir nachher Videospiele spielen?"

„Mal sehen."

„Papa, wird es bald schneien?"

„Mal sehen."

„Papa, gehen wir Schlitten fahren?"

„Mal sehen."

„Papa, was essen wir heute Abend?"

„Mal sehen."

„Papa, können wir am Samstag ins Spielzeugland gehen?"

„Nö."

Kinder wollen es hier und jetzt wissen. „Machen wir dies oder das?" Und selbst als Erwachsene mögen wir keine Ungewissheit. Wir mögen das Unbekannte nicht. Wir wollen wissen, was passiert und wann es passiert und was wir tun müssen, damit es schneller passiert.

Doch Gott sprach ganz anders mit Abram. Er sagte zu ihm: „Geh fort … in das Land, das ich dir zeigen werde."

Können Sie sich vorstellen, wie das Gespräch abgelaufen sein muss?

„Geh", sagt Gott.

„Wohin?", fragt Abram.

„In das Land, das ich dir zeigen werde."

„Wo liegt das?"

„Das wirst du dann schon sehen."

„*Dann schon sehen?* Dies hier ist mein Leben! Dann schon sehen?!"

Mussten Sie jemals das Vertraute aufgeben? Waren Sie je an einem Punkt in Ihrem Leben, wo Sie nicht wussten, wo Sie hingehen sollten? Vielleicht haben Sie da gebetet:

„Herr, wann läuft es in meiner Ehe wieder besser?"

„Herr, wann kann ich mich abends ins Bett legen, ohne mir Sorgen ums Geld zu machen?"

„Herr, wann bekommen wir ein Kind?"

„Herr, wann lerne ich jemanden kennen, der mich trägt, mich liebt, sein Leben mit mir teilt?"

„Herr, werde ich je wieder gesund?"

Vielleicht haben Sie lediglich ein „mal sehen" zur Antwort erhalten; dann können Sie sich vermutlich in Abram einfühlen. Doch obwohl Gottes Anweisungen so vage waren, hörte Abram auf ihn. In 1. Mose 12,4-5 lesen wir:

> *Abram gehorchte und machte sich auf den Weg. Er war zu diesem Zeitpunkt 75 Jahre alt. Mit ihm kamen seine Frau Sarai, sein Neffe Lot, alle Knechte und Mägde und ihr gesamter Besitz. Sie erreichten Kanaan.*

Abram hatte also getan, was Gott von ihm wollte. Da war es doch jetzt Zeit für eine Belohnung, oder? Schließlich hatte Gott ihm ein Versprechen gegeben. Abram nahm wohl an – da er Gottes Auftrag nun erledigt hatte –, dass seine Träume doch so langsam wahr werden müssten. Sarai würde Kinder bekommen, diese Kinder würden wiederum Kinder bekommen, und Abrams Familie würde zu einem großen Volk anwachsen. Ich bin mir sicher, Abram konnte es kaum abwarten. *Wird Zeit, dass mein Name groß wird. Wird Zeit, dass ich gesegnet werde.*

Denken wir nicht auch manchmal, dass es so funktioniert? Gott ruft. Wir hören. Wir gehorchen. Gott segnet. Presto. Die Segnungen kommen vom Himmel geflogen.

Vielleicht gibt es einen Traum, den Gott Ihnen ins Herz gelegt hat, und Sie sind überzeugt, dass Gott Sie berufen hat, etwas damit anzufangen. Sie sind überzeugt, dass Sie zugehört und gehorcht haben. Und nun erwarten Sie von Gott, dass er seinen Teil erfüllt und Ihre Pläne segnet, stimmt's?

Doch etwas ganz anderes geschah, nachdem Abram Gott gehorcht hatte:

> *Im Land Kanaan brach eine Hungersnot aus. Abram zog nach Ägypten, um während dieser Zeit dort zu leben.*
> *(1. Mose 12,10)*

Mit anderen Worten: Gott rief. Abram gehorchte. Doch Gott segnete nicht – zumindest nicht auf der Stelle. Vielmehr war das Nächste, was Abram passierte, ein Unheil – eine schwere Hungersnot, die ihn zwang, erneut wegzuziehen.

Ich habe herausgefunden, dass die meisten von uns die Tendenz haben, Gott auf das zu reduzieren, was sicher scheint und vorhersehbar ist und mit unserem Sinn für Fairness, Gerechtigkeit und Rechtmäßigkeit übereinstimmt. Wir sind dauernd versucht, Gleichungen aufzustellen, die vorhersagen, was Gott tun wird; frei nach dem Motto: Wenn ich dies tue, tut Gott jenes.

Durch die gesamte Bibel hindurch zeigt sich jedoch, dass Gott zwar gerecht ist, aber alles andere als vorhersehbar. Er ist Gott. Wir nicht. Und er lässt sich einfach nicht auf eine Gleichung reduzieren, der wir dann glauben.

Manchmal zeigt unser Vertrauen auf Gott unverzügliche Resultate. Das geschah zum Beispiel auch, als Gott Josua und seinen Priestern befohlen hatte, in den Jordan zu gehen. Sie berührten das Wasser, und sofort staute es sich, sodass sie trockenen Fußes hindurchgehen konnten (Josua 3).

Doch so wirkt Gott nicht immer. Ich würde sogar sagen, dass Gott *normalerweise so nicht* wirkt. Der Weg des Glaubens sieht im Leben jedes einzelnen Menschen anders aus. Warum? Weil Gott sich mehr darum sorgt, wer wir werden, als wohin wir gehen. Ja, Gott hält seine Versprechen. Doch eins verspricht Gott niemals: dass seine Nachfolge einfach ist, glattläuft oder schmerzlos ist.

Abram zog viele Jahre umher. Er hatte alle möglichen Schwierigkeiten zu bewältigen, während er auf die Erfüllung seines gottgegebenen Traums wartete. Ich stelle mir vor, dass es Zeiten gab, in denen er am liebsten aus voller Lunge geschrien hätte: „Gott, ich habe alles für dich aufgegeben! Ich habe alles aufs Spiel gesetzt, das ich so sicher in der Hand gehalten hatte. Und was habe ich nun davon?"

Alles, was er zur Antwort bekam, waren weitere Zusagen – noch mehr „mal sehen". Immer wieder wurde Abram vor die Wahl gestellt: Gott weiter seine Zukunft anzuvertrauen – oder eben nicht.

Ich glaube, wir alle sind gelegentlich in Lebenslagen, in denen wir entscheiden müssen, ob wir Gott genug vertrauen, um den festen Griff um unsere Vorstellungen von unserer Zukunft zu lösen. Denn es mag uns gefallen oder nicht: Es ist gut möglich, dass es in unseren Träumen nur so vor potenziellen Götzen wimmelt, die um unsere Verehrung und Aufmerksamkeit buhlen.

Sind wir schon da?

Ich weiß nicht, wie das bei Ihnen ist, aber ich liebe Ausflüge. Immer schon. Ich packe auch gerne für Ausflüge. Ich liebe es, Lunchpakete vorzubereiten. Ich liebe es, meinen iPod aufzuladen und einen Sound-track für die Reise zu erstellen.

Mit drei Söhnen haben sich meine Ausflüge allerdings etwas verändert. Ich genieße sie noch immer sehr, doch sie sind etwas komplizierter und stressiger geworden. Und da gibt es eine kleine Frage, die meine Jungs immer und immer wieder stellen, wenn wir unterwegs sind, und die mir eines Tages noch die Lust am schönen Reisen nehmen könnte. Ich wette, Sie kommen selbst drauf …

„Papa, sind wir schon da?"

Wir sind beispielsweise auf der Reise zu Verwandten in Toledo, Ohio – das sind etwa achthundert Kilometer zu fahren. Doch kaum sind wir am Stadtrand von Nashville, fragt einer meiner Söhne unvermeidlich: „Papa, sind wir schon da?"

Manchmal möchte ich antworten: „Natürlich sind wir noch nicht da, mein Kind. Merkst du nicht, dass der Wagen noch rollt? Wenn das Auto anhält und ich verkünde, dass wir da sind, dann sind wir da."

Doch ich weiß es besser. Ich weiß, dass meine Kinder eigentlich keine Frage stellen, sondern eine Erklärung abgeben. Wenn sie fragen: „Sind wir schon da?", meinen sie eigentlich: „Wir sind müde, uns ist langweilig, und wir wollen raus."

In 1. Mose 15,1 lesen wir:

Nach diesen Geschichten begab sich's, dass zu Abram das Wort des Herrn kam in einer Offenbarung: „Fürchte dich nicht, Abram! Ich bin dein Schild und dein sehr großer Lohn." (L)

Ist Ihnen im ersten Satz das „nach" aufgefallen? Da fragt man sich doch automatisch: „Wonach genau?" Die Antwort lautet: „Nach zehn Jahren." Gott kam zu Abram nach einem vollen Jahrzehnt unerfüllter Versprechen.

Zehn Jahre der Unsicherheit und der Tränen.

Zehn Jahre des Fragens, ob die Träume je in Erfüllung gehen.

Zehn Jahre lang: „Sind wir schon da?"

Nach alledem sagt Gott zu Abram: „Ich bin dein Schild und *dein sehr großer Lohn.*"

Gott sagte damit: *„Ich bin* deine Belohnung. Ich schenke dir *mich.* Abram, verehre nicht meine Geschenke. Glaub doch nicht nur eine einzige Sekunde, dass die Dinge, mit denen ich dich segne, die wahren Geschenke sind. Ich bin das wahre Geschenk. Ich bin die wahre Belohnung."

Doch Abram kaufte ihm das nicht ab. Lesen wir die nächsten Verse:

Aber Abram entgegnete: „Ach Herr, mein Gott, was willst du mir denn schon geben? Ich habe keinen Sohn, und ohne einen Nachkommen sind alle Geschenke wertlos. Ein Diener meines Hauses – Eliëser von Damaskus – wird meinen ganzen Besitz erben." (1. Mose 15,2-3)

Spüren Sie die Enttäuschung? Abram sagte praktisch: „Toll. Ich bin ja so froh, dass du bei mir bist, aber du hast mir versprochen, dass ich der Vater eines großen Volkes werde; dabei habe ich nicht einmal einen Sohn."

Wie viele gottgegebene Träume haben Sie, die noch nicht erfüllt sind?

Den Traum, Ihre erwachsenen Kinder glücklich und in Lohn und Brot zu sehen?

Den Traum, von einer bestimmten Krankheit zu genesen?

Den Traum, an einer Hochschule zu studieren?

Den Traum, ein Geschäft aufzubauen oder ein Buch zu schreiben?

Vor ein paar Jahren haben Brandi und ich eine alleinstehende Frau seelsorgerlich betreut. Wir hatten sie an mehreren Abenden pro Woche zum Essen bei uns und lernten sie ziemlich gut kennen. Melody war eine reizende junge Frau, doch völlig von dem Wunsch eingenommen zu heiraten. Von nichts anderem träumte sie, von nichts anderem redete sie. Und je länger der Traum unerfüllt blieb, desto frustrierter wurde sie. All unsere Gespräche waren Variationen des Themas: „Sind wir schon da?"

Als Melody schließlich einen geeigneten Kandidaten kennenlernte, war sie überglücklich. Trotz der Warnungen mehrerer Freunde stürzte sie sich mit Karacho in die Ehe. Doch schon wenige Wochen später wirkte sie enttäuscht. Offenbar entwickelte sich ihr Traum nicht so, wie sie ihn sich vorgestellt hatte.

Und was geschah dann? Melody war von dem Wunsch nach einem Kind besessen. Sie und ihr Mann versuchten es gleich nach den Flitterwochen, doch mit jedem Monat, in dem sie nicht schwanger wurde, wuchs ihre Unzufriedenheit.

Und wieder: „Sind wir schon da?"

Wenn ich Melodys Leben in der Rückschau betrachte, erkenne ich eine ganze Serie herber Enttäuschungen. Bis heute ist sie von dem jeweils Nächsten besessen, das ihr Wertschätzung oder Bedeutung oder Selbstwert verleihen soll. Aus irgendeinem Grund ist sie blind gegenüber der Tatsache, dass sie beharrlich auf ihre Träume vertraut statt auf Gott.

Neulich habe ich gehört, dass sie von einem neuen Haus träumt, weil das, in dem sie und ihr Mann jetzt wohnen, nicht das ist, was sie will.

Melodys Fall ist extrem, doch ich glaube, viele von uns haben diese Frage: „Sind wir schon da?" auch schon gestellt. Wir *wissen*, dass wir noch nicht da sind, doch Gott soll erfahren, dass wir des Wartens müde sind, dass wir es leid sind, uns zu fragen, ob das Ersehnte jemals eintreten wird.

Wenn Sie derzeit mit solch einem unerfüllten Traum leben, wissen Sie sehr wahrscheinlich, was in Abram vor sich ging. Vielleicht haben Sie, genau wie er, eine sehr starke Meinung gegenüber Gott. Sie haben die Versprechen gehört, die Argumente, die Einzelheiten, und nun wollen Sie, dass sich etwas ändert. Vielleicht überkommt Sie auch das Bedürfnis, zu retten, was Sie zurückgelassen haben, statt weiter vorwärtszugehen.

Doch Gottes Wort an Abram – und an alle von uns, die wir wegen unserer unerfüllten Träume ungeduldig werden – lautet:

> *Du liegst völlig daneben.*
> *Die Belohnung bin ich.*
> *Ich bin der Gewinn.*
> *Ich kann dir geben, was keine dieser irdischen Segnungen dir geben kann oder wird.*

Tja, wenn Sie die Geschichte von Abram kennen, wissen Sie, dass Gott sein Versprechen schließlich einlöste. Er gab ihm nicht nur einen neuen Namen – Abraham –, sondern schenkte ihm wundersamerweise im hohen Alter noch einen Sohn. Mit der Ankunft Isaaks wurde Abrahams lang gehegter Traum endlich wahr. Seine Geduld und sein Gehorsam waren belohnt worden.

Doch Abrahams Geschichte war noch nicht vorbei.

Abraham sollte noch eine sehr schwere Lektion lernen. Eine Lektion, die wir nie vergessen sollten: Gott liebt uns so sehr, dass er uns von allem frei macht, was uns von ihm abhält – und sei es auch unser wertvollster Traum.

Abraham folgte Gott und erlebte den nervenaufreibendsten Augenblick seines Lebens: als Gott ihn bat, seinen einzigen Sohn Isaak herzugeben. Er stand vor der Herausforderung, das für ihn Wertvollste auf der Welt zu opfern. Abraham gehorchte und setzte damit seine Familie und seine Zukunft aufs Spiel.

Ja, die Geschichte ging gut aus. In letzter Sekunde stellte Gott ein Ersatzopfer zur Verfügung. Isaak wuchs heran und wurde Vater der nächsten Generation des großen Volkes, das Gott Abraham versprochen hatte.

Doch als Abraham sich dazu entschieden hatte, Gott zu vertrauen, hatte er keine Ahnung gehabt, dass die Geschichte diese Wendung nehmen würde. Er hatte durch lange Jahre der Nachfolge gelernt, sein Vertrauen auf seinen himmlischen Vater zu richten, nicht auf seine eigenen Träume. Er entschied sich zu glauben; durch diesen Glauben fand er, wie es in Jakobus 2,23 heißt, „seine Anerkennung".

Getragen von einem Versprechen

Die Sünde des Unglaubens ist das Herzstück aller anderen Sünden und insbesondere der Verehrung eines falschen Gottes. Dallas Willard erläutert das anschaulich:

Vorstellungen und Bilder sind der Schwerpunkt von Satans Kampf gegen Gottes Absichten für die Menschen. Sie sind Hauptschauplatz der Schlacht um geistliche Entwicklung. Wenn wir uns den Ideen und Bildern des Satans unterwerfen, kann er getrost Urlaub machen. Als er Eva von Gott wegzog, schlug er sie nicht mit einem Stock, sondern lockte sie mit einem Gedanken. Es war der Gedanke, dass man Gott nicht trauen könnte und dass sie selbst für ihr Wohlergehen sorgen müsste.[1]

Eva wurde zu dem Glauben verführt, dass Gott ihr etwas vorenthalte und dass Glück und Erfüllung außerhalb dessen zu finden seien, was Gott gesagt hatte. Das Leben so vieler Menschen ist an genau derselben Stelle aus dem Ruder gelaufen wie bei Eva. Wir haben uns die Verlockungen eines leeren Versprechens ins Herz flüstern lassen. In uns reifte der Gedanke, dass die süße Frucht, unser Traum, uns etwas geben könnte, das nur Gott geben kann, und dass Gott uns etwas vorenthält.

Jedes Mal, wenn ich etwas oder jemand anderes als Gott verehre, vergesse ich, dass er ein guter Gott und ein toller Vater ist, dem man ganz und gar vertrauen kann. Er hat mir zwar immer wieder seine Treue bewiesen, doch so leicht falle ich in alte Muster zurück. Häufig denke ich, wie seltsam es ist, dass ich Gott meine Erlösung und meine Ewigkeit anvertraut habe, jedoch solche Probleme damit habe, ihm bei den kleinen Details meines Lebens zu vertrauen.

Wenn ich also etwas über Abraham lese, der Gott radikal das Wichtigste seines Lebens anvertraute, frage ich mich: Wie hat er das gemacht? Und warum hat er es gemacht?

Ich glaube, Abrahams Vertrauen baute auf einige Worte von Gottes ursprünglichem Versprechen. Inmitten einer Menge Ungewissheiten und mit dem Ruf zu einem Leben, das noch mehr Ungewissheit bringen würde, schenkte Gott Abraham zwei Worte, nach denen er leben sollte: *Ich werde*. Ich werde!

In Gottes ursprünglichem Gespräch mit Abraham (1. Mose 12) sagte Gott sechs Mal (wörtlich oder sinngemäß) „Ich werde" – sechs Mal in den ersten drei Versen der Geschichte Abrahams.

Denken Sie nur mal, was Gott stattdessen hätte sagen können (aber nicht tat):

Gott sagte nicht: „Ich könnte."

Gott sagte nicht: „Ich versuche mein Bestes."

Gott sagte nicht: „Ich denke darüber nach."

Gott sagte nicht: *„Du* wirst."

Gott legte sich mit einem Versprechen fest: „Ich werde."

Womöglich sind Sie zutiefst entmutigt oder verletzt, weil Sie feste Vorstellungen und Hoffnungen für Ihr Leben haben, die (noch) nicht Wirklichkeit geworden sind. Doch ich glaube fest: Wenn Sie dem Gott vertrauen, der sagt „Ich werde", ist nichts in Gefahr, das für das ewige Leben von Bedeutung ist. Letztlich haben Sie nichts zu befürchten.

Angst durchdringt unser Denken und gewinnt die Oberhand, wenn wie uns zu sehr an die Bilder klammern, die wir von unserer Zukunft haben. Dadurch bekommen sie eine Bedeutung, die nur dem Künstler unseres Lebensbildes zusteht.

Doch: In den Augenblicken, in denen unsere Träume unerwartet platzen, geraten wir in die Irrungen und Wirrungen des Lebens, in denen wir Gott begegnen. Selten vertrauen wir ihm uns ganz an, wenn wir uns stark fühlen und alles im Griff haben. Doch wenn ein Traum zerplatzt, wenn das Leben eine unerwartete Wendung nimmt und außer Kontrolle gerät, dann gehen wir auf die Knie.

Viele Ereignisse unseres Lebens haben wir nicht in der Hand. Was wir jedoch sehr wohl in der Hand haben, ist unsere Bereitschaft, Gott inmitten des Wahnsinns unseres Alltags zu suchen. Uns ihm ganz anzuvertrauen bedeutet nicht, dass wir weniger Energie auf das Erreichen unserer Träume verwenden, sondern dass wir weniger Nervenkraft verschwenden.

Es bedeutet, dass wir unsere Träume als das anerkennen, was sie sind: Möglichkeiten, Versprechen und Ziele, nicht Quellen des Friedens und der Sicherheit. Es bedeutet, dass wir unsere Zuversicht nicht mehr auf unsere Fähigkeit setzen, jeden unserer Träume zu verwirklichen, sondern auf die Stärke und Macht des Gottes, dem wir nachfolgen möchten.

Wie gelangen wir dorthin? Wir brauchen nur, wie Abraham, den Griff um unsere festen Zukunftsvorstellungen zu lockern und zu sagen: „Jesus, ich vertraue sie dir an. Selbst wenn es bedeutet, alles aufs Spiel zu setzen, was ich für wertvoll halte, alle guten Dinge loszulassen, auf die ich warte – ich vertraue dir trotzdem." Und vielleicht zeigt Ihnen Gott genau in diesem Augenblick etwas in Ihrem Leben, das Sie loslassen oder zumindest locker in der geöffneten Hand liegen haben sollen. Es mag etwas Gutes sein. Es mag sogar etwas von ihm sein. Doch vielleicht ist es etwas, von dem Sie Dinge erwartet haben, die nur Gott selbst Ihnen geben kann.

Oftmals ist uns gar nicht bewusst, dass wir einen falschen Gott haben, bis unsere Träume bedroht sind. Wohlergehen blendet unsere falschen Götter eher aus; Krisen decken sie oft auf. Solange in unserem Leben alles gut läuft, solange unsere Vorstellung davon, wie unser Leben verlaufen soll, mit der Realität übereinstimmt, haben wir, so glauben wir, kein Götzenproblem. Doch wenn wir in eine Krise geraten, merken wir plötzlich: „Mensch, ich habe auf diesen Traum gesetzt, wie man auf keinen Traum setzen sollte."

Egal, wie großartig oder edel unsere Träume sein mögen, sie sind immer nur ein erbärmlicher Ersatz dafür, was Gott uns mit seiner Gegenwart und durch seine Pläne für unser Leben schenken will.

Kapitel Zehn

Du bist, was du anbetest

Der Kerl tauchte aus dem Nichts auf und zog plötzlich auf meine Spur, als ich neulich eine Straße entlangfuhr. Ich stieg in die Eisen. Quietschend kam mein Wagen zum Stehen. Brewer, mein vierjähriger Sohn, überraschte mich im selben Augenblick. Kurzerhand beugte er sich in seinem Kindersitz vor und brüllte den anderen Wagen an: „Du Idiot!"

„Hey, so etwas sagt man nicht", rügte ich ihn sofort. Dabei verkniff ich mir ein Grinsen und dachte: *Ich muss unbedingt Brandi fragen, wo er so ein Zeug herhat.*

Einen oder zwei Tage später versuchte wieder jemand, mich auf meiner Fahrspur zu schneiden, als ich auf dem Weg zur Arbeit war. „Was machst du denn da, du Idiot?", knurrte ich. Da ging mir ein Licht auf. *Daher* hatte Brewer den Ausdruck. Er hatte gehört, wie ich andere Autofahrer damit beschimpft hatte. Er weiß nicht einmal, was das Wort *Idiot* bedeutet, aber er lernte von mir, in welchem Kontext man es verwendet.

Manchmal erschrecke ich, wenn ich daran denke, dass meine Kinder sich an meinem Verhalten orientieren. Mir wäre es lieber, sie würden das tun, was ich sage – und nicht das, was ich tue. Doch ohne Zweifel behält mein Handeln immer die Oberhand über meine Worte.

Allerdings lernen nicht nur Kinder durch Nachahmen. Die Bibel lehrt uns, dass wir alle etwas oder jemanden imitieren (siehe 1. Korinther). Wir spiegeln wider, was wir erfahren. So sind wir erschaffen. Die entscheidende Frage ist also: Was – oder wen – imitieren oder spiegeln wir wider?

Bisher war dieses Buch eine Art Diagnose, ein Werkzeug, um zu erkennen, was in unserem Leben ein falscher Gott sein könnte. Wir alle sollten uns ermutigen lassen, diese Götterstatuen einzureißen und neu zu beginnen. Ich bete, dass die nun folgenden letzten Kapitel als eine Art Leitfaden dienen für das, was nach Gottes Willen an die Stelle dieser falschen Götter treten sollte.

Geformt durch das, was wir verehren

Nehmen Sie sich einen Augenblick, um Ihr Leben einzuschätzen. Gefällt Ihnen die Person, die Sie sind? Wenn nicht, darf ich Ihnen dann vorschlagen nachzusehen, wer auf dem Thron Ihres Herzens sitzt? Zu den Grundwahrheiten des Menschseins gehört, dass das, was wir verehren, unser Wesen formt – und sei es ein falscher Gott. Psalm 115,4-8 warnt eindringlich vor dieser Gefahr, indem er Völker beschreibt, die Götzen dienen:

> *Doch ihre Götter sind nur Figuren aus Silber und Gold,*
> *von Menschenhänden gemacht.*
> *Sie haben einen Mund, aber reden können sie nicht;*
> *Augen haben sie, doch sie können nicht sehen.*
> *Mit ihren Ohren hören sie nicht,*
> *und mit ihren Nasen riechen sie nichts.*
> *Ihre Hände können nicht greifen,*
> *mit ihren Füßen gehen sie nicht.*
> *Aus ihren Kehlen kommt kein einziger Laut!*
> *Genauso starr und tot sollen alle werden,*
> *die diese Götzen schufen,*
> *und auch alle, die solchen Götzen vertrauen.*

Der Psalmist versucht, einen starken Kontrast zu zeichnen, indem er den lebendigen Gott mit den leblosen Götzen aus Holz und Stein vergleicht. Wer solchen Götzen nachfolgt, sagt er, ist geistlich genauso leblos wie die blinden, tauben, stummen Metallteile, die der Mensch mit seinen eigenen Händen geschaffen hat.

Der Prophet Jeremia traf über seine ungläubigen Vorfahren eine ähnliche Aussage:

Sie sind bedeutungslosen Göttern nachgelaufen und sind dadurch selbst bedeutungslos geworden. (Jeremia 2,5, NL)

Das trifft auch heute auf jeden von uns zu: Was wir verehren, bestimmt, wer wir sind.

Wenn wir unsere Sehnsüchte auf irgendetwas anderes als den wahren Gott richten, wird uns diese Sache formen. Eine Sehnsucht, die auf das richtige „Objekt" ausgerichtet ist – den einen wahren Gott –, verleiht einem Menschen enorme Fähigkeiten und innere Größe. Das Verlangen nach der falschen Sache verdirbt und entwürdigt uns.

Mit anderen Worten:

Wenn wir Geld verehren, werden wir gierig.

Wenn wir Sex verehren, werden wir lüstern.

Wenn wir Macht verehren, werden wir korrupt.

Wenn wir Leistung verehren, werden wir ruhelos und hektisch.

Wenn wir Liebe und Anerkennung verehren, werden wir zum Sklaven anderer.

Wenn wir äußere Schönheit verehren, werden wir oberflächlich.

Was auch immer wir anstelle des wahren Gottes verehren – es macht uns zu etwas, wozu wir nicht erschaffen wurden.

Nicht mehr menschlich

Ich glaube, ein Grund, warum sich die Bibel so unerbittlich gegen die Verehrung falscher Götter ausspricht, ist ganz einfach der, dass wir nicht etwas anderes als Gott anbeten und gleichzeitig nach unserer gottgegebenen Bestimmung leben können. Was für eine Bestimmung ist das? Sie wird im ersten Kapitel der Bibel offenbart:

Dann sagte Gott: Jetzt wollen wir den Menschen machen,
unser Ebenbild, das uns ähnlich ist. ...
So schuf Gott den Menschen als sein Ebenbild,
als Mann und Frau schuf er sie. (1. Mose 1,26-27)

Mit anderen Worten: Unsere Bestimmung ist es, den widerzuspiegeln, der uns erschaffen hat.

Kürzlich las ich einen Artikel von John Ortberg, der mir diese Verse noch wesentlich klarer gemacht hat. Er erzählte von einem alten Glauben, der besagte, dass nur Könige nach dem Bild eines mächtigen Gottes erschaffen werden, Bauern und das gemeine Volk angeblich nach dem Bild minderwertigerer Götter.[1]

Doch 1. Mose 1,26-27 bezeugt etwas anderes und steht somit in direktem Widerspruch zu jenem alten Glauben. Die Verse behaupten, dass *jeder* Mensch nach dem Bild eines mächtigen Gottes gemacht ist.

Dies ist eine weltverändernde Wahrheit über die Würde und den Wert eines Menschen. Stellen Sie sich einmal vor, wie befreiend es für die Menschen ist, die das zum ersten Mal hören – und wie befreiend es für uns sein kann. Carolyn Custis James beschreibt es so:

Wir gehen gähnend von dannen, als geschehe hier überhaupt nichts von Bedeutung – unbeeindruckt von der herrlichen Identität, die Gott uns gerade in den Schoß hat fallen lassen. Angesichts dessen, dass wir gerade eine der verblüffendsten Bekanntmachungen der Geschichte gehört haben, machen wir doch so bemerkenswert wenig daraus; und es muss für Gott eine Enttäuschung sein, dass wir kaum darauf reagieren. Gott nannte uns seine Spiegelbilder und machte damit eine Beziehung zu ihm zum strategischen Zentrum seiner Bestimmung für die Menschheit und die Welt.[2]

Doch da ist noch mehr an diesen beiden Versen. Dass wir nach dem Bild Gottes erschaffen wurden, sagt uns nicht nur etwas über unseren Wert, sondern auch über unsere Bestimmung. Das Entscheidende an dieser Formulierung „Ebenbild Gottes" in der Heiligen Schrift ist nicht irgendeine Fähigkeit oder ein Charakterzug, den wir mit Gott gemein haben. Es ist unser Auftrag in dieser Welt, den er uns damit gegeben hat.

Ortbergs erwähnter Artikel erzählt davon, dass Könige in alter Zeit im ganzen Land Bilder von sich aufstellen ließen, damit die Menschen wussten, zu wessen Reich sie gehörten. Sah man das Abbild eines bestimmten Königs, wusste man, dass man sich auf dessen Territorium befand. „Das erste Buch Mose erklärt also, dass Gott – genau wie solch ein König, der überall Bilder von sich aufstellen ließ, damit die Menschen wussten, wer dort herrschte – sein Ebenbild, die Menschen, auf der Erde verteilt, damit die Welt sehen kann, wer der Herrscher ist."[3] N. T. Wright schuf ein wunderbares Bild, wie das funktioniert:

Stellen Sie sich Gott oben vor, darunter die Erde. Dazwischen, in einem 45-Grad-Winkel, befinden sich die Menschen mit einem Spiegel. Ihre Aufgabe, ihre Bestimmung ist es, die heilige Regentschaft Gottes auf die Erde hinunterzureflektieren – sich um die Schöpfung und insbesondere um die Menschen zu kümmern, wie Gott es sich wünscht; und dann alle Güte und Freude der Erde aufzusammeln und in Worte zu fassen und Gott damit anzubeten.

Ihre Bestimmung ist es, der Erde mehr schöpferische gottgegebene Güte beizusteuern, als Sie sich derzeit ausmalen können; und Gott mehr irdische Freude und Dankbarkeit darzubringen, als Sie derzeit fassen können.[4]

Daraus lässt sich schließen, dass Gott die Menschen letztlich geschaffen hat, damit sie ihn widerspiegeln. Doch wenn uns die Suche nach ihm nicht wichtiger ist als alles andere, spiegeln wir schlussendlich etwas anderes wider – etwas Minderwertigeres. Dabei verlieren wir unsere wahre Menschlichkeit. Wird nicht genau diese Geschichte auch in Römer 1 erzählt?

Gottes heiliger Zorn trifft alle Menschen, die sich gegen ihn auflehnen. Sie führen ein gottloses Leben, voller Ungerechtigkeit, und unterdrücken dadurch die Wahrheit. ...

Obwohl die Menschen Gott schon immer kannten, wollten sie ihn nicht anerkennen und ihm nicht danken. Stattdessen beschäftigten sie sich mit belanglosen Dingen und konnten schließlich in ihrer Unvernunft Gottes Willen nicht mehr erkennen. Sie meinten, besonders klug zu sein, und waren in Wirklichkeit die größten Narren. Statt den ewigen Gott zu ehren, begeisterten sie sich für vergängliche Idole; abgöttisch verehrten sie sterbliche Menschen, ja sogar alle möglichen Tiere. Deshalb hat Gott sie auch all ihren Trieben und Leidenschaften überlassen, sodass sie sogar ihre eigenen Körper schändeten. Indem sie die Schöpfung anbeteten und nicht den Schöpfer, haben sie Gottes Wahrheit verdreht und ihrer eigenen Lüge geglaubt. (Verse 18,21-25)

Statt Gott, den Schöpfer, zu verehren, beten die Menschen, die Paulus hier beschreibt, seine Geschöpfe an. Und was geschah daraufhin? Wurden sie edler? Nein. Sie entarteten, ließen sich von ihren Trieben leiten – und gaben sich Täuschungen hin. Ihre fehlgeleitete Verehrung verlieh diesen Menschen weder besondere Fähigkeiten noch erhöhte sie sie. Sie machte sie lediglich weniger menschlich.

Unsere Fähigkeit, hier auf Erden nach unserer Bestimmung zu leben, wird drastisch beschnitten, wenn wir falsche Götter irgendwelcher Art verehren anstelle unseres Gottes und Vaters. Doch wir *finden* unseren Sinn, wenn wir den einen wahren Gott anbeten. Wenn wir ihm unsere Gefolgschaft erklären mit allem, was wir sind und haben, spiegeln wir zunehmend die Wesensmerkmale dessen wider, den wir verehren und bewundern. Dabei merken wir, wie wir echtere Menschen werden.

Damit dies geschieht, müssen wir womöglich erst dafür sorgen, dass der Gott, den wir verehren, wirklich der eine wahre Gott für uns ist.

Wahrnehmung und Spiegelung

Ich bin hier in Nashville, Tennessee, in der Central Avenue aufgewachsen. Bis heute ist sie eine meiner Lieblingsstraßen der Stadt. Inzwischen gilt sie als historisch; hier stehen hübsche Bungalows mit großen Veranden davor, auf die wunderschöne alte Bäume ihre Schatten werfen. Ich habe tolle Erinnerungen an diese Straße – darunter eine Zeit, als ich eine unvergessliche Lektion über meine Wahrnehmung lernte.

Wie in vielen Wohngebieten, gab es auch bei uns in der Nachbarschaft eine Familie, auf die es die Kinder abgesehen hatten. Diese Familie will ich Porter nennen. Das ist nicht ihr richtiger Name, aber ich glaube, es ist besser, einen anderen Namen zu verwenden, denn als Kinder waren wir davon überzeugt, dass die Porters alle Axtmörder waren. Und dafür hatten wir Beweise!

Einmal sahen wir bei den Porters einen Mann am Fenster stehen, der ein Messer in der Hand hatte und dessen Hände und Arme scheinbar blutbeschmiert waren. Ein anderes Mal bekamen wir mit, wie die Familie etwas aus ihrem Multivan lud, das wir todsicher für eine Leiche hielten, und es die Kellertreppe hinunter in ihr Haus trug. Den letzten Beweis bekamen wir, als wir in einer Seitenstraße Ball spielten und ein paar Typen mit schwarzer Kleidung und dunkel geschminkten Gesichtern sahen, die eine Art militärischen Drill durchführten.

Meine Freunde und ich waren typische Jungs, was bedeutet, dass wir uns gegenseitig zu allerlei Mutproben herausforderten. „Du traust dich ja doch nicht, von dem Baum zu springen!" Oder: „Du traust dich ja doch nicht, den Wurm zu essen!" Oder: „Du traust dich ja doch nicht, mit deinem Rad durch den Vorgarten der Porters zu fahren!"

Eines Tages sollte ich mich das Allerschlimmste trauen: zur Haustür der Porters flitzen und sie kurz berühren. Ich hatte eine Heidenangst. Aber sich in dem Alter so etwas nicht zu trauen, konnte einen den Ruf kosten. Ich nahm also meinen ganzen Mut zusammen und rannte los. Ich raste durch den Vorgarten der Porters und die Respekt einflößenden Stufen hinauf auf ihre große, schattige Veranda. Doch ich war so hastig, dass ich über die oberste Stufe stolperte und gegen die Haustür knallte.

Noch bevor ich mich wieder aufrappeln und weglaufen konnte, öffnete Mrs Porter die Tür. Damals war sie etwa siebzig Jahre alt und keine eins fünfzig groß. Und sie lachte – sie schüttelte sich vor Lachen! Offenbar hatte sie schon eine ganze Weile dort gestanden und beobachtet, wie wir unseren Plan ausgeheckt hatten.

Damit war das Eis gebrochen. Von da an wurden die Porters gute Freunde meiner Familie, und wir fanden erstaunlicherweise heraus, dass sie gar keine Axtmörder waren. Ihnen gehörte ein Filmunternehmen, und ihr Haus diente oft als Drehort. So erklärten sich die meisten, wenn auch nicht alle verdächtigen Aktivitäten, die wir sorgsam beobachtet hatten.

Was ich damals gelernt und seither immer wieder gemerkt habe: Unsere Beziehungen werden geprägt von unserer Wahrnehmung voneinander. Und das gilt nicht nur für menschliche Beziehungen, sondern auch für unsere Beziehung zu Gott.

A. W. Tozer schrieb einmal: „Das Aufschlussreichste an einer Gemeinde ist stets ihre Vorstellung von Gott."[5] Genau das ist der Kern. Es reicht nicht, Gott zu verehren, damit man Gott widerspiegeln kann. Man muss das *richtige* Bild von Gott verehren, damit man das richtige Bild von Gott widerspiegeln kann.

Kennen Sie Christen, die „im Namen Gottes" etwas Haarsträubendes tun?

Vor einigen Monaten erfuhr ich am Telefon, dass eine berühmte – oder berüchtigte – Religionsgemeinschaft auf dem Gelände unserer Cross-Point-Gemeinde Schilder aufstellte. Diese Gruppe war dafür bekannt, dass sie in Gemeinden, bei öffentlichen Veranstaltungen und selbst bei Trauerfeiern mit Schildern auftauchte, die durch und durch geschmacklos sind, und jeden auf das Schlimmste verdammte, der nicht ihre *sehr* enge Sichtweise von Gott teilte.[6] Letztlich sind sie noch nie in unserem Gottesdienst aufgetaucht; ich weiß also nicht, was sie über uns sagen würden. Doch ich denke häufig über diese Leute nach. Ich glaube nämlich, dass sie es wirklich für edel halten, was sie da tun. Ihrer Vorstellung nach vertreten sie Gott und tun der Welt einen Gefallen, indem sie seine Botschaft verkünden. Das Problem jedoch ist meiner Meinung nach, dass es absolut die falsche Botschaft ist, die auf einem vollkommen fehlgeleiteten Gottesbild beruht.

Natürlich sind wir ganz und gar nicht mit solch einer Gruppe zu vergleichen; dennoch kann es auch uns passieren, dass wir ein unzutreffendes und schädliches Bild von Gott mit uns herumtragen – also eigentlich einen „falschen" Gott. Wenn wir uns einen Gott vorstellen, der nichts ist als ein allzu nachgiebiger Vater, der uns alles gewährt, wenn wir ihn nur brav bitten, verehren wir den falschen Gott. Wenn wir uns einen Gott vorstellen, der seine Liebe zurückhält und darauf wartet, dass wir uns einem Regelwerk unterwerfen, um uns seine Liebe zu verdienen, verehren wir ebenfalls den falschen Gott.

Und was dann? Jede falsche Vorstellung von Gott hat Folgen für unsere Beziehung zu ihm und anderen. Halten Sie Gott für einen kosmischen Polizisten, der darauf wartet, dass Sie einen Fehler machen? Dann führen Sie womöglich Ihr ganzes Leben lang einen Eiertanz auf. Halten Sie ihn für einen ungeduldigen Vater, der Ihnen seine Liebe vorenthält, bis Sie endlich „gut genug" sind? Dann springen Sie womöglich endlos durch einen Reifen und versuchen, ihn glücklich zu machen. Halten Sie ihn für einen himmlischen Hausmeister, dessen Hauptanliegen Ihr Wohlbefinden ist? Dann nehmen Sie ihm womöglich übel, dass er seine Arbeit nicht gut macht. Glauben Sie, er denkt und handelt wie Sie? Dann ist die Wahrscheinlichkeit groß, dass Sie die meiste Zeit verunsichert sind und versuchen, sich seinen nächsten Zug vorzustellen.

Eine genaue und biblische Sicht von Gott zu haben, ist von wesentlicher Bedeutung. Sie kann der Verehrung falscher Götter einen Riegel vorschieben, denn diese beginnt im Kopf – in Gedanken, Ansichten, Urteilen und Vorstellungen.

Der Weg aus der Verehrung falscher Götter

Jemand hat mal gesagt, man kann einen Götzen nicht einfach aufgeben. Man muss ihn ersetzen. Mit anderen Worten: Man kann nicht einfach sagen: „Ich will mich nicht länger so sehr um Leistung bemühen." Oder: „Ich will kein Kontrollfreak mehr sein."

Na gut, man kann so etwas zwar *sagen*, aber das bloße Aussprechen wird unser Verhalten vermutlich nicht zum Stillstand bringen – denn kaum haben wir uns von einem leeren Versprechen getrennt, wird unser Herz von einem anderen angezogen … und dann noch einem. Es sei denn, wir treffen die bewusste Entscheidung, den Fokus unserer Verehrung zu verschieben – und einen falschen Gott durch den einen richtigen Gott zu ersetzen.

Will ich beispielsweise den Götzen der Anerkennung ersetzen, muss ich mich auf Gottes Liebe konzentrieren sowie auf die Wertschätzung und den Selbstwert, den er mir ganz einfach durch meine Erschaffung geschenkt hat.

Will ich den Götzen Geld ersetzen, muss ich meinen Blick auf Gottes Großzügigkeit lenken und auf seine entschiedene Anweisung, zu geben, statt zu empfangen. So kann das Muster des Nehmens in meinem Leben durchbrochen werden.

Das Verändern eines Götzendienstmusters in unserem Leben erfordert also nicht nur ein „Abwenden von", sondern auch ein „Hinwenden zu". Wir können nicht einfach *aufhören*, einem bestimmten leeren Versprechen zu glauben. Wir müssen aktiv *anfangen*, Gott zu verehren. Wenn wir das tun, werden wir daran erinnert, dass es um *seine* Macht geht, nicht um unsere.

Wenn es stimmt, dass wir so werden wie das, was wir verehren, bedeutet der Weg aus dem Götzendienst, alle leeren Versprechen hinter uns zu lassen und dem lebendigen Gott neu zu vertrauen. Psychologen würden sagen: Wir müssen uns „lösen" und dann „neu binden".

Doch das gelingt nur mithilfe von Gottes gnädigem Eingreifen. Willenskraft und moralische Überzeugung allein reichen nicht aus. Erst wenn wir im Innersten unseres Seins bereit sind, Gott alles zu geben, dann reicht es aus. Unsere Unterwerfung ist entscheidend. Nur wenn wir zulassen, dass Jesus unsere Scham und Schuld zerschlägt, reicht es aus.

Die Fähigkeit, dem Götzendienst zu entsagen, ist Gottes Geschenk. Dann können wir mit unserer wahren Verehrung des wahren Gottes beginnen. Das unterstreicht auch Paulus in Römer 12,1: „*Weil ihr Gottes Barmherzigkeit erfahren habt*, fordere ich euch auf, liebe Brüder, mit Leib und Leben für Gott da zu sein. Seid ein lebendiges und heiliges Opfer, das Gott gefällt. Einen solchen Gottesdienst erwartet er von euch" (Hervorhebung durch den Autor).

Gottes Barmherzigkeit kommt zuerst. Nach den vorangegangenen zehn Kapiteln bedeutet Barmherzigkeit seine bedingungslose Gnade und Rechtfertigung, die er uns durch seinen Sohn schenkt und die durch seinen Geist in unseren Herzen versiegelt wird. Nur durch seine Barmherzigkeit gelangen wir dahin, ihn zu verehren.

Wie reagieren wir darauf? Wir geben Gott die Ehre. Das heißt, wir bringen uns selbst als Opfer dar – annehmbar durch das Opfer von Christus – und bitten Gott, das „Loch" in unserer Seele mit sich selbst zu füllen. Wir wollen uns bewusst an ihn wenden, ihn von ganzem Herzen, von ganzer Seele, mit allen Kräften und mit unserem Verstand lieben. Wir gehen vor ihm, dem König, auf die Knie. Wir bringen ihm unsere Geschenke: unsere Jubelrufe, unsere Loblieder, unseren Zehnten und andere Opfergaben. Verehrung wird zum Zeugnis, wenn wir alles bekennen, was Jesus für uns getan hat. Wir bringen unsere Anliegen vor ihn, hören ihm zu und vertrauen ihm, dass er unsere Gebete beantwortet. Dann gehen wir weiter zum Gehorsam, dem fröhlichen Leben nach seinem Willen für uns.

Der Sinn der Anbetung ist, dass wir Christus ähnlicher werden. Statt uns an diese Welt anzupassen, weisen wir die leeren Versprechen und falschen Süchte zurück. Dann gleicht Jesus uns an sich an (Römer 12,2). Er lässt in uns das neue Wesen entstehen, das uns fehlt.

Wenn wir unsere Götzen verlassen, zu Jesus kommen und uns ihm ergeben, verändert er uns mehr und mehr. Er erschafft uns neu nach seinem Bild und legt in uns etwas an, das Richard Foster als „heilige

Abhängigkeit"[7] bezeichnet. Wir werden in allen wichtigen Belangen unseres Lebens zutiefst und vollkommen abhängig von Gott.

Seine heilige Abhängigkeit brachte Jesaja dazu, Gott als den zu erkennen, der er war, und zu rufen: „Ich bin verloren! … Mit jedem Wort, das über unsere Lippen kommt, machen wir uns schuldig! Und nun habe ich den Herrn gesehen, den allmächtigen Gott und König" (Jesaja 6,5).

Gott in unserem Kopf und in unserem Herzen an die richtige Stelle zu rücken, erlaubt es uns, alles andere nüchtern zu betrachten – auch die Dinge, von denen wir uns etwas zu wünschen versucht sind, was nur Gott uns geben kann. Daher ist die Anbetung das stärkste Verteidigungsbollwerk gegen leere Versprechen.

Anbetung als Lebensstil

Jahrelang habe ich Anbetung für etwas gehalten, das aus vier Liedern während des Sonntagsgottesdienstes bestand. Ich beschränkte Lobpreis darauf, dass jemand mit einer Gitarre auf einer Bühne saß und mit der Gemeinde Lieder sang. Menschen anderer Traditionen oder Zeiten denken vielleicht, Anbetung seien Kirchenlieder mit Orgelbegleitung oder ruhig auf einer Kirchenbank zu sitzen und auf die Regung des Geistes zu warten. Doch mittlerweile glaube ich, dass all diese „kirchlichen" Definitionen von Anbetung viel zu kurz greifen.

Mit jedem Atemzug können wir Gott anbeten. Begehen wir nicht den Fehler, unseren Herrn nur an einem Tag pro Woche anzubeten und ihn die anderen sechs Tage außer Acht zu lassen. Begehen wir nicht den Fehler, seine Gegenwart in dreißig Minuten Stiller Zeit am Morgen anzuerkennen und ihn dann die restlichen dreiundzwanzigeinhalb Stunden zu ignorieren.

In Hebräer 13,15 steht: „Wir wollen *nicht aufhören*, Gott im Namen Jesu zu loben und ihm zu danken" (Hervorhebung durch den Autor).

Gott anbeten kann ich beim Autofahren. Gott anbeten kann ich, wenn ich innehalte und die Sterne am Himmel betrachte. Gott anbeten kann ich, wenn ich meine Stimme gemeinsam mit anderen zu ihm erhebe. Gott anbeten kann ich, wenn ich meinen Kindern beim Spielen zuschaue. Gott anbeten kann ich jeden Tag, jeden Augenblick, denn es ist einfach meine Reaktion darauf, wer Gott ist und was er getan hat. Es ist meine Anerkennung, dass das, wonach ich suche, von ihm allein kommt.

Ich lerne, dass ich meine Anbetung nicht auf Musik oder Gebäude, Moderne oder Tradition oder auf den Sonntag begrenzen kann. Wenn es mir mit der Veränderung ernst ist, muss ich auch mit der Anbetung Ernst machen – und sie als Lebensstil begreifen. Ohne Anbetung schrumpft mein Leben rasch auf unbedeutende Augenblicke zusammen, auf sinnloses Leben und bedeutungslosen Götzendienst, der in mir ein Gefühl von Sehnsucht und Verlust zurücklässt.

Wenn ich Gott regelmäßig lobe, werde ich daran erinnert, dass es einen ewigen, allmächtigen, grenzenlosen Herrn gibt, der mich zu sich zieht. Seine allgegenwärtige Gnade formt mich zu etwas, das ihm mehr und mehr ähnelt. Dieser Gottesdienst gibt mir Kraft, wenn ich schwach bin, Geduld, wenn ich hetze, Liebe, wenn ich zornig bin, Frieden, wenn ich Angst habe, und Hoffnung, wenn ich aufgeben will.

Der Gott, der ganze Galaxien in seiner Hand hält, uns aus seinen Gedanken heraus erschaffen hat, uns Leben und Atem und alle Dinge schenkt, lädt Sie und mich ein, in eine Beziehung zu ihm zu treten, ihn zu betrachten, wie er ist, damit aus uns die Menschen werden, die wir gerne sein möchten. Er lädt uns ein, uns mit jedem einzelnen Atemzug daran zu erinnern, dass es keinen anderen Gott gibt; dass es eine Verbindung gibt zwischen seinem unendlichen Wert, den wir entdecken, wenn wir ihn beständig verehren, und unserem eigenen inneren Sehnen, etwas zutiefst zu lieben.

Erst wenn wir unser Herz öffnen und unseren Schöpfer ernstlich verehren, sind wir frei und können die kleinen Götter entlassen, die vorgeben, mit seiner Macht ausgestattet zu sein. Leere Versprechen sind wirklich leer. Nichts ist mit Gott zu vergleichen.

Kapitel Elf

Nah an der Wahrheit

Heute Nachmittag führte ich nacheinander eine Reihe Seelsorge-gespräche.

Da war ein Mann, dessen Frau ihn verlassen hatte, weil er sich mit seinem ganzen Leben der Karriere verschrieben hatte. Irgendwann hatte sie es satt, sich um die Kinder und alle Familienangelegenheiten zu kümmern, während er seinen Unternehmenstraum verwirklichte. Er erzählte mir, dass es viele Anzeichen gegeben hatte, dass er daheim großen Schaden anrichtete, doch er hatte sie ignoriert, um etwas hinterherzujagen, das ihm vermeintlich wichtiger war als alles andere. Jetzt, wo seine Familie weg war, merkte er, dass er das Wichtigste in seinem Leben verloren hatte.

Ich sprach außerdem mit einem Paar, das am Boden zerstört war, weil es sein Haus verloren hatte, seine Autos aufgeben und Privatinsolvenz anmelden musste. Die beiden reizten ihren Kredit aus, kauften Sachen, die sie nicht brauchten, mit Geld, das sie nicht hatten, um Leute zu beeindrucken, die sie nicht einmal mochten. Als der Mann vor ein paar Monaten seinen Job verlor, stürzte alles ein.

Ich könnte noch länger so weitermachen und Ihnen von den anderen drei, vier Szenarien heute Nachmittag erzählen, aber der Kern wäre immer derselbe: Selbstbetrug. Wir Menschen haben einen unheimlichen Hang, uns selbst zum Narren zu halten. Und wenn Sie meinen, das würde auf Sie nicht zutreffen, dann kann es gut sein, dass ich Sie zu meinem Paradebeispiel erküre. Denn von irgendetwas lassen wir uns alle an der Nase herumführen.

Bedingt durch das Wesen des Selbstbetrugs, fällt es uns natürlich leichter, ihn bei anderen zu erkennen. Sie wissen, was ich meine. Vermutlich haben Sie Freunde, deren Leben vor Ihren Augen aus der Bahn geraten ist. Sie rauften sich die Haare, als sie immer und immer wieder denselben Fehler begingen. Sie wussten, dass der Kerl nichts für sie war. Sie wussten, dass der Job ihn ganz beherrschen würde. Sie wussten, dass ihr Wunsch nach immer mehr sie eines Tages in den Ruin treiben würde. Ihnen war das alles klar, doch die anderen konnten es nicht erkennen. Und wenn unseren Freunden so etwas gelegentlich passiert, bin ich mir sicher, dass es auch uns passiert.

In Galater 6,7-8 warnt uns die Bibel vor einer solchen Täuschung: „Glaubt nur nicht, ihr könntet Gott irgendetwas vormachen! Ihr werdet genau das ernten, was ihr gesät habt. Wer nicht Gott, sondern sich selbst vertraut, den erwartet das ewige Verderben. Wer sich aber durch den Geist Gottes führen lässt, dem wird Gott das ewige Leben schenken." Dasselbe steht in Sprüche 14,12: „Mancher wähnt sich auf dem richtigen Weg – und läuft geradewegs in den Tod." Kann es ein handfesteres Beispiel für den „Weg in den Tod" geben, als sich auf die Täuschung – und Selbsttäuschung – eines leeren Versprechens zu verlassen?

Die Frage, die sich durch dieses ganze Buch zieht, lautet nicht: Haben Sie mit Götzendienst zu kämpfen? Wir haben gleich zu Beginn festgestellt, dass wir das alle tun. Und wir haben uns viel Zeit genommen, einige der verbreiteten leeren Versprechen unserer Kultur auszumachen. Ich nehme stark an, dass Ihnen das eine oder andere bekannt vorkommt. Mir auf jeden Fall.

Die Eine-Million-Frage lautet jetzt: Was machen wir mit unseren Götzen? Wie werden wir aufmerksamer für die Dinge, die unser Herz von Jesus weglocken und uns zu dem Gedanken verführen, sie können unserem Leben Sinn geben und uns Bedeutung und Erfolg?

Einige Antworten haben wir schon gefunden: Wir müssen erkennen, dass in unserem Herzen Götzendienst betrieben wird; herausfinden, von welchen Menschen oder Dingen wir etwas erwarten, was nur Gott uns geben kann; verstehen, dass diese Götzen nicht einfach entfernt werden können, sondern ersetzt werden müssen; unsere Götzen durch Gott selbst ersetzen; unermüdlichen Lobpreis in unserem Leben verankern.

Wichtig ist vor allem: Unsere falschen Götter zu identifizieren und zu ersetzen, kann uns nicht verändern. Was wir wirklich brauchen, ist eine

Möglichkeit, Gott täglich zu erfahren, damit wir die Selbsttäuschung anhaltend durchbrechen und merken, wie leblos und leer unsere falschen Götter sind. Wir brauchen eine lebendige Begegnung mit dem lebendigen Gott, damit wir die Quelle der Wahrheit anzapfen können.

Bestimmte geistliche Übungen erlauben mir, die Wahrheit über mich, meine Wünsche und die Lügen, denen ich aufgesessen bin, besser zu erkennen. Sie verhelfen mir zu dieser lebendigen Begegnung mit dem heiligen Gott, die ich so dringend brauche. Ich habe gemerkt, dass ich ohne diese Gewohnheiten – oder geistlichen Disziplinen – viel schneller der Täuschung erliege, die zum Vertrauen in leere Versprechen führt. Ich bete, dass Ihnen diese kurzen Empfehlungen als Einladung dienen, das überfließende Leben neu – oder wieder – zu entdecken, das man bekommt, wenn man Jesus in den Mittelpunkt seines Lebens stellt.

Einsamkeit

Im Juni 2000 musste ich beruflich eine schwere Zeit durchmachen. Doch ich war weder deprimiert noch wütend oder ausgebrannt; ich fühlte mich einfach nur uninspiriert, mittelmäßig und festgefahren. Ich hatte keine richtige Vision davon, was Gott als Nächstes von mir wollte, und hatte das Gefühl, dass mein geistliches Wachstum zum Stillstand gekommen war.

Schon öfter hatte ich gehört, dass andere Pastoren Einkehrtage machten und sich in die Stille und Einsamkeit zurückzogen. Da ich mit meinem Latein am Ende war, hielt ich das für eine gute Idee. Nichts anderes schien zu funktionieren – warum also nicht?

Eine Familie aus meiner Gemeinde hatte eine kleine Hütte in Leonard Oak, Kentucky. Ich glaube, es gibt auf der Welt weniger als ein Dutzend Leute, die wissen, wo Leonard Oak liegt. Wahrscheinlich leben dort auch weniger als ein Dutzend Leute. Es schien mir ein guter Rückzugsort. Also fuhr ich zu der kleinen Hütte und war ganz gespannt, was Gott in den nächsten vierundzwanzig Stunden mit mir vorhatte.

Ich war mit einem tragbaren CD-Spieler und etwa einem Dutzend Predigten ausgestattet, die ich mir anhören wollte. Außerdem hatte ich zur Unterhaltung meinen Computer, etliche Bücher, Musik und noch manches andere eingepackt.

Heute weiß ich: Ich hatte keine Ahnung, worauf es wirklich ankam!

Denn: Ich war die vierundzwanzig Stunden zwar allein, doch eigentlich gab es kaum Stille oder richtige Einsamkeit. Trotz der Sachen, die ich mitgebracht hatte und die mich ablenken sollten, war mir die meiste Zeit ganz elend zumute.

An mir nagte der Drang, so schnell wie möglich wieder in die „Produktivität" zurückzukehren. Die Idee, einfach vor Gott zu sitzen und Stille zu halten, erschien mir zwecklos und sogar unmöglich. Ich musste gegen das Bedürfnis ankämpfen, zu telefonieren und irgendetwas zu erledigen.

Warum fiel mir ein knappes Wochenende in der Abgeschiedenheit so schwer? Aus demselben Grund, aus dem wir alle unser Leben bewusst oder unbewusst so organisieren, dass wir nicht allzu lang untätig oder allein sind: Ich hatte Angst.

Ich glaube, es steht außer Frage, dass viele von uns süchtig sind nach Geräuschen, um die Stille auszumerzen. Dallas Willard bestätigt das:

> *Die Stille hat etwas zutiefst Bedrohliches, denn sie entblößt uns, wie kaum etwas sonst, und konfrontiert uns schonungslos mit den Wirklichkeiten des Lebens. Sie erinnert uns an den Tod, der uns irgendwann aus der Welt fortreißen wird, sodass uns nichts bleibt außer uns selbst und Gott. Was aber, wenn uns die Realität dieses „Wir selbst und Gott", die uns in der Stille begegnet, öde und leer erscheint?*[1]

Genau das ist es! Genau das machte mir Angst: entblößt und ungeschützt zu sein. Außerdem wollte ich mich nicht der Tatsache stellen, dass ich mich mehr davon hatte prägen lassen, was ich tat oder was andere von mir dachten, als von meinem Schöpfer.

Henri Nouwen beschrieb einmal seine eigene Erfahrung mit Einsamkeit und fasste die Herausforderungen und Vorzüge von Einsamkeit und Stille zusammen:

In der Einsamkeit werde ich meine Ausrüstung los: keine Freunde zum Gespräch, keine Telefonanrufe, keine Versammlungen, keine Musik zur Unterhaltung, keine Bücher zur Ablenkung, nur ich – nackt, verwundbar, schwach, sündig, entäußert, gebrochen – nichts. Diesem Nichtssein muss ich mich in meiner Einsamkeit stellen, einem so schrecklichen Nichtssein, dass alles in mir danach drängt, zu meinen Freunden, meiner Arbeit und meinen Zerstreuungen zu laufen, damit ich mein Nichtssein vergessen und mir vormachen kann, etwas wert zu sein.

Aber das ist noch nicht alles. Sobald ich mich entschließe, in meiner Einsamkeit auszuhalten, springen wirre Ideen, zerstreuende Bilder, wilde Fantasien und unheimliche Vorstellungen in meinem Geist herum wie Affen auf einem Bananenbaum. Ärger und Gier strecken ihre hässlichen Gesichter hervor. Ich halte meinen Feinden lange, hasserfüllte Reden, ich träume genießerische Träume, in denen ich reich, einflussreich und sehr anziehend bin, oder ich bin arm, hässlich und brauche auf der Stelle Trost. So versuche ich wieder aus dem dunklen Abgrund meines Nichts auszubrechen und mein prahlerisches falsches Ich wiederherzustellen.

Es kommt alles darauf an, in meiner Einsamkeit auszuharren, in meiner Zelle zu bleiben, bis all meine verführerischen Besucher es aufgeben, an meine Tür zu klopfen, und mich in Ruhe lassen. [2]

Trotz der Furcht und der Herausforderungen glaube ich, dass Einsamkeit etwas ist, das wir alle brauchen. Auf jeden Fall war sie wichtig für Jesus. Nach Lukas 5,16 entzog sich „Jesus … der Menge, um in der Einsamkeit zu beten". Lukas sagt nicht, wie oft, aber es gibt Hinweise, dass Jesus sich regelmäßig zurückzog, um mit Gott zusammen zu sein.

Wenn Jesus Christus, der Sohn Gottes, es schon für wichtig und notwendig hielt, sich in die Einsamkeit mit dem Vater zurückzuziehen, wie viel wichtiger ist es dann für Sie und mich?

Wir sehnen uns nach einem Ort, an dem sich unser tiefstes Verlangen nach bedingungsloser Liebe erfüllt. Wir sehnen uns nach einem Ort, an dem wir von der hektischen Welt ausruhen können, die uns aus dem Ruder gelaufen scheint. Wir sehnen uns nach einem Ort, an dem wir daran erinnert werden, dass unser Leben wirklich von Bedeutung ist, größer als die Summe dessen, was uns als Person ausmacht.

Einsamkeit ist dieser Ort. Dort haben wir endlich Gelegenheit, das Visier zu öffnen und unserem Herrn ohne Ablenkung zu begegnen. Nur wir – allein mit dem, der uns wahre Liebe und Zufriedenheit bietet.

Fasten

Ich sage es offen und ehrlich: Ich habe noch nie gern gefastet. Ich habe das Fasten sogar gehasst, als ich es zum ersten Mal ausprobiert habe. Ich verstand es nicht und hatte totale Angst vor den Fastenzeiten, die ich einhalten wollte. Und doch kann ich heute sagen, dass Fasten für mich extrem wichtig geworden ist, denn es hilft mir, meine leeren Versprechen zu entlarven und die Wurzeln des Götzendienstes in meinem Leben zu erkennen.

Das Fasten erinnert mich an mein Menschsein. Es zeigt mir, was ich wirklich brauche und was ich mir wirklich wünsche. Es ist ein Anstoß, mich daran zu erinnern, wie sehr ich mit der Leben spendenden Quelle, nämlich Jesus Christus, verbunden bleiben muss. Bei jedem schmerzlichen Hungergefühl, bei jedem Wunsch, zu etwas zurückzulaufen, von dem ich mich abhängig gemacht habe, werde ich angeregt, die Nähe dessen zu suchen, der mich wirklich trägt.

Ich weiß noch, wie ich einmal einen Freund fragte, ob er je gefastet hätte. „Du liebe Zeit, nein!", erwiderte er. „Warum auch? Ich esse gern, und am Essen ist absolut nichts Verkehrtes. Warum sollte ich also darauf verzichten?" Genau wie ich früher, merkte er nicht, worum es eigentlich ging.

Fasten muss nicht nur bedeuten, ohne Essen auszukommen – wobei das Nicht-Essen eine sinnvolle Übung sein kann. Fasten ist eine freiwillige Abstinenz von *all dem*, was in einem bestimmten Augenblick womöglich einer Verbindung zu Christus im Weg steht – was auch immer das sein mag. Man kann beim Fasten auf alles verzichten, von Cola bis zum Handy.

Beim Fasten geht es nicht darum, Böses aus dem Leben zu vertreiben. Vielmehr ist das meiste, auf das wir beim Fasten verzichten, etwas Gutes, ein Geschenk von Gott, das uns jedoch mit der Zeit zu wichtig geworden sein könnte. Ich glaube, wir haben einen unbestreitbaren Hang, uns von Aktivitäten und Dingen einnehmen zu lassen oder abhängig zu machen, die im Grunde genommen gar nicht so wichtig sind: Shoppen, Romane, Fernsehen und Videospiele, Facebook, Twitter, das Internet generell. Jedenfalls sollte man unbedingt wissen, dass der Fokus des Fastens nicht auf dem liegt, was lächerlich schlecht ist, sondern auf dem, was verführerisch gut ist. Auch John Piper schreibt:

Der größte Feind des Hungers nach Gott ist nicht böses Gift, sondern Apfelkuchen. Nicht das Festmahl des Bösen zügelt unseren Appetit auf den Himmel, sondern das endlose Knabbern am Gabentisch der Welt; nicht das Video für Erwachsene, sondern das Glas Belanglosigkeit, das wir allabendlich zur besten Sendezeit trinken. Bei allem Übel, das der Satan anrichten kann – Gott weiß, was uns wirklich von der Festtafel seiner Liebe fernhält: ein Stück Land, ein Ochsengespann und eine Frau (Lukas 14,18-20). Der größte Gegenspieler der Liebe Gottes sind nicht seine Feinde, sondern seine Gaben. Und der tödlichste Appetit ist nicht der auf das Gift des Bösen, sondern auf die einfachen irdischen Vergnügungen. Denn wenn sie an die Stelle des Appetits auf Gott treten, ist kaum erkennbar, dass es sich um Götzendienst handelt. So wird er nahezu unheilbar. [3]

Eine meiner lohnenswertesten, doch schwierigsten Fastenzeiten dieser Tage ist mein wöchentliches Technikfasten. Vierundzwanzig Stunden lang bemühe ich mich, mich von Fernsehen, Telefon, Internet, Facebook, Twitter und dergleichen zu enthalten. Stattdessen lese ich in dieser Zeit, bete, spiele mit meinen Kindern. Dabei entschleunige ich mein Leben in der Regel lang genug, um zu erkennen, mit welchen fantastischen Geschenken Gott mich gesegnet hat.

Verstehen Sie mich nicht falsch. Ich liebe Technik, denn sie verbindet mich mit Menschen auf dem gesamten Globus. Mir gefallen auch die vielfältigen Möglichkeiten, wie ich über Handy, iPad, Laptop usw. kommunizieren, mich mitteilen, lernen und herausgefordert werden kann. Doch so allmählich verstehe ich den Unterschied zwischen „Technik nutzen" und „von Technik benutzt werden". Das Fasten hilft mir dabei, mir diesen Unterschied bewusst zu machen.

Das Technikfasten hat sich als schwieriger erwiesen, als ich mir je vorgestellt hätte. Doch jedes Mal, wenn ich nach meinem Handy greife oder mal eben Facebook checke, ermahne ich mich, innezuhalten und zu beten – was der eigentliche Zweck des Fastens ist. Das hat sich für mich als unglaublicher Katalysator erwiesen: Ich bemerke, wie schnell ich mein Leben mit Dingen fülle, die nichts mit meinem Streben nach Gott zu tun haben.

Wir alle neigen dazu, die Leerläufe unseres Lebens mit allem Möglichen zu füllen, was sich gerade anbietet; dadurch erkennen wir nur sehr schwer, worauf wir wirklich Hunger haben. Wir leben in der Illusion des Zufriedenseins, die einhergeht mit unserem relativen Überfluss, unserer Geschäftigkeit und unserer manchmal nur gespielten Spiritualität.

Im Laufe meiner fünfundzwanzig Jahre als Christ verblüfft mich immer wieder, wie oft und leicht ich mich offenbar selbst geistlich betrüge. Ich habe die wahrhaft beeindruckende Fähigkeit, geistlicher zu klingen, als ich tatsächlich bin. Es fällt mir leicht, Gott mit meinen Lippen zu loben, zu verkünden, dass er mir das Wichtigste im Leben ist, zu behaupten, dass alles andere im Vergleich zu ihm verblasst.

Durch das Fasten kann ich solche sinnlosen Worte auf den Prüfstand stellen. Dadurch zeigt sich, wie leicht ich mich selbst hintergehe und denke, Gott sei das Wichtigste für mich, während ich doch in Wirklichkeit bis über die Ohren in Götzendienst verstrickt bin. Richard Foster beschreibt das auch in seinem Buch *Nachfolge feiern*:

> *Mehr als irgendeine andere geistliche Übung offenbart das Fasten, was uns im Innersten beherrscht. Das ist ein wunderbares Geschenk für den aufrichtigen Nachfolger Jesu, der sich sehnlich wünscht, in das Bild Jesu Christi umgestaltet zu werden. Wir schütten oft das, was in unserem Inneren ist, mit Nahrung und anderen guten Dingen gewissermaßen zu; aber beim Fasten kommt es dann plötzlich an die Oberfläche.* [4]

In Psalm 35,13 sagt David: „Ich beugte meine Seele mit Fasten" (SL). Doch was hat eine gebeugte, also demütige Seele mit Fasten zu tun? Ich habe herausgefunden, dass mir beim Fasten rasch bewusst wird, was in uns steckt – die sexuellen Versuchungen, die Bitterkeit in bestimmten Beziehungen, die Angst vor Versagen, der unbearbeitete Zorn, die Eifersucht, die direkt unter der Oberfläche brodelt, das unbefriedigte Verlangen –, und mir geht auf, wie dringend ich Gottes heilende Kraft in meinem Leben brauche. Ich merke, dass ich in jedem Augenblick unbedingt in seiner Gegenwart leben muss. Nur sie kann meinen Seelenhunger auf eine Art stillen, wie es keines dieser leeren Versprechen jemals vermag.

Wenige geistliche Übungen sind unserer Kultur so gegenläufig wie das Fasten. Kaum einer würde wohl abstreiten, dass unsere Gesellschaft dauernd schreit: „Mehr ist besser." Werbung beherrscht uns rund um die Uhr und vermittelt uns, wir sollen uns auf das konzentrieren, was wir *nicht* haben (oder meinen, nicht zu haben): Geld, Macht, Sex, Schönheit, was auch immer.

Das Fasten hilft dabei, unsere Gedanken und Gefühle wieder auf das zu richten, was wir sehr wohl haben – und was wir wirklich brauchen. Es beruht auf der Vorstellung, dass wir von etwas weniger brauchen, um mehr von dem Wichtigsten zu haben. Es ist eine Möglichkeit, Pause zu machen von dem endlosen und gedankenlosen Konsum, der uns überflutet, bevor wir uns dessen gewahr werden, und das neu zu lernen, was Jesus selbst uns gelehrt hat: „Leben bedeutet mehr als nur Essen und Trinken, und der Mensch ist mehr als nur seine Kleidung" (Matthäus 6,25).

Fasten ist ein Paradox. Ich nehme die Leere an, um die Fülle zu erfahren. Beim Fasten hoffe ich, in meiner Leere Gott bereitwilliger als die Quelle allen menschlichen Lebens und Tuns anzuerkennen. In meiner Leere steigere ich mein Bewusstsein für meine Abhängigkeit von Gott.

Auf so viele Arten, die ich nicht erklären kann, versetzt mich das Fasten in die Lage, nicht nur von Gott zu hören, sondern mich auch von ihm formen zu lassen. Es lässt mich an einen Ort gelangen, wo ich ein höheres Bewusstsein für Verletzlichkeit und ein verringertes Bewusstsein für Macht habe. Mittlerweile glaube ich, Fasten ist gleichzusetzen mit einer gewissen „Betriebsbereitschaft", Gott zu hören und ihm zu gehorchen.

Wenn ich mich mit all den Dingen umgebe, die das Leben bequem machen, beanspruche ich meiner Erfahrung nach kaum oder gar keine Macht von Gott. Wenn ich alles um mich habe, was ich zu brauchen meine, eingebunden bin in meine eigenen Möglichkeiten, Methoden, Strategien und Pläne, werde ich zum Produkt meines eigenen Willens und meiner eigenen Weisheit. Doch wenn ich von alledem eine Zeit lang faste, kann ich die Arroganz meiner Seele leichter abschütteln. Dann schreien mein Körper und meine Seele vor Hunger nach Gott laut auf.

Und das ist ein Hunger, der sich wirklich stillen lässt.

Gottes Wort

Wer hätte vor zwanzig Jahren gedacht, dass das Geschäft mit Lagerräumen in den USA einmal ein Milliardengeschäft werden würde? Der typische Amerikaner sammelt so viel Zeug an, dass er dafür bezahlen muss, seinen Überfluss auszulagern.

Interessant ist, dass wir auch mit einem geistigen Speicher geschaffen wurden: unserem Gehirn. Die Speicherfähigkeit des menschlichen Gehirns ist zwar ziemlich groß, aber nicht unendlich. Und bei den meisten von uns sind die mentalen Lagerhallen durch den Schwall an Informationen, mit dem wir ständig überflutet werden, ein einziges Durcheinander.

Es heißt, dass der durchschnittliche Mensch pro Tag mit etwa dreitausend Werbebotschaften bombardiert wird. Über die genaue Zahl wird noch gestritten [5], aber es bestreitet niemand, dass zu unserem normalen Leben eine Tonne von Botschaften gehört, die uns strategisch geschickt eine Vision vom guten Leben eintrichtern: „Essen Sie dies. Fahren Sie hiermit. Sagen Sie jenes. Tragen Sie dieses. Kaufen Sie das hier." In jedem einzelnen Fall ist für ein gutes Leben genau das Produkt oder die Dienstleistung erforderlich, die die Werbung gerade zufälligerweise anbietet. Ob wir uns dessen bewusst sind oder nicht, diese Botschaften und Bilder sammeln sich in unserem mentalen Speicher. Und das Wichtige daran: All das Zeug, das wir in unserem Gehirn speichern, hat Auswirkungen auf unsere Art zu denken und zu handeln. Davon erzählte auch Jesus:

> *„Wie der Baum, so die Frucht! Ein guter Baum trägt gute Früchte, ein schlechter Baum trägt schlechte Früchte. Ihr Teufelspack! Wie könnt ihr durch und durch verlogenen Leute überhaupt etwas Gutes reden? Wie es im Herzen eines Menschen aussieht, das erkennt man an seinen Worten. Wenn ein guter Mensch spricht, zeigt sich, was an Gutem in ihm ist. Ein Mensch mit einem bösen Herzen ist innerlich voller Gift, und alle merken es, wenn er redet." (Matthäus 12,33–35)*

Das Prinzip liegt ziemlich klar auf der Hand: Wenn das, was man nicht sehen kann – das Innere des Baums – gesund ist, dann ist die Frucht – das nach außen Sichtbare – auch gesund. Ist das Innere schlecht, wird auch die Frucht schlecht sein.

Jesu eigentliches Ziel war nicht, eine Liste von Regeln aufzustellen, nach denen wir ein besseres Leben führen können. Nach seinem Verständnis geht es bei der geistlichen Verwandlung um innere Veränderungen, die sich schließlich auf die Lebensweise auswirken. Es geht um das, was wir in unseren geistigen Speicher hineinlassen.

Darum glaube ich, dass es für mich von wesentlicher Bedeutung ist, mich in die Heilige Schrift zu vertiefen. Das ist meine Art, „gute Dinge" in meinem Kopf und meinem Herzen zu lagern. Ich nehme ein Grundbedürfnis wahr, mir von Gottes Wort die Seele nähren und alles beibringen zu lassen, was ich wissen sollte. Dazu ermutigt uns auch Paulus: „… ändert euch, indem ihr euch an Gottes Maßstäben orientiert" (Römer 12,2).

Gottes Wort und meine tägliche Bibellese stelle ich mir vor meinem geistigen Auge so vor, dass ich die Hände aufhalte und die Geschenke bekomme, die Gott mir geben wollte. Das ist eine Gelegenheit, mich von seiner Gnade und Liebe überraschen zu lassen. Es ist eine Gelegenheit, meinen Geist erneuern und umgestalten zu lassen, bis er randvoll ist von guten Dingen, die einfach hervorkommen und mein Leben beeinflussen müssen. Während ich mich an der Schönheit ergötze, über die Wahrheit nachsinne und deren Auswirkungen erkunde, werde ich daran erinnert, dass Gott – und nur Gott – meine Sehnsüchte stillen kann.

Gebet

Ein nachhaltiges Gebetsleben ist ein wichtiger Teil im Kampf gegen den Götzendienst. Es ist etwas, das wir alle unbedingt brauchen, jedoch oft vernachlässigen. So haben Christen auch häufiger Schuldgefühle wegen ihres Gebetslebens – oder vielmehr wegen ihres mangelnden Gebetslebens – als wegen irgendeines anderen Aspekts ihres Glaubens.

Wie ist es mit Ihnen? Haben Sie sich je schlecht gefühlt, weil Sie sich nur so wenig Zeit fürs Beten genommen haben oder sich nicht aufs Beten konzentrieren konnten? Haben Sie sich je gefragt, ob Sie richtig beten, oder sich Sorgen gemacht, ob Sie nicht irgendetwas anders machen sollten? In seinem Buch *Ich – einzigartig* schreibt John Ortberg:

> *Beim Beten äußere ich oft Wünsche, die ich meiner Meinung nach haben sollte – über Missionare, Weltfrieden und den Klimawandel. Doch meine Gedanken schweifen immer wieder ab und kehren zu den Dingen zurück, die mir wirklich wichtig sind. Wenn ich mir wünsche, dass mein Reden und mein Beten übereinstimmen und „im Strom" des Heiligen Geistes sind, muss ich im Gebet das äußern, was in mir ist, nicht, was ich dort gerne hätte.* [6]

Das gefällt mir sehr. Was für ein unglaublicher Durchbruch. Je eher ich mehr und mehr das bete, was in mir ist, und nicht länger, was ich dort gerne haben würde, desto intensiver kann ich meine Zeit mit Gott genießen.

Damit dringen wir zum tieferen Kern des Betens vor. Viele von uns glauben irgendwie, Gott hört oder sieht gewisse Dinge in unserem Leben nicht. Wir meinen, wir könnten Gott täuschen, indem wir ihm eine Sache im Gebet sagen und gleichzeitig an eine andere denken. (Schon wieder diese Selbsttäuschung …)

Manchmal muss ich lachen, wenn sich meine Kinder am Abendbrottisch streiten, wer das Dankgebet sprechen soll. Normalerweise fängt es damit an, dass Jett, der Älteste, etwas sagt wie: „Ich denke, Gage sollte heute Abend beten." Gage sagt dann: „Nein, ich glaube, Brewer sollte beten." Woraufhin Brewer sagt: „Nein, ich habe gestern Abend gebetet. Heute ist Jett dran." Neulich Abend bat ich dann meinen Sohn Gage, für das Essen zu danken. Er sah mich mit seinen großen Hundewelpenaugen an und entgegnete: „Papa, das möchte ich ja. Wirklich. Aber ich bin viel zu hungrig, um heute zu beten. Das muss jemand anderes machen."

Die Ausreden würden immer weitergehen. Also bestimme ich ein Kind, das diese extrem schwierige Aufgabe übernehmen soll, Gott für das Essen zu danken, das er uns zur Verfügung stellt. Und dann lässt einer der Jungs ein Gebet vom Stapel, dass man meinen könnte, er hätte sich schon den ganzen Tag darauf gefreut.

Dieses Ritual ist nicht nur lustig, sondern auch ziemlich ironisch, denn keinem der Jungs kommt es offenbar in den Sinn, Gott könnte mitbekommen, wie sie streiten, weil keiner beten will. Aber kein Erwachsener würde je so denken. Oder?

Doch, natürlich. Das machen wir andauernd! Genau darum rutschen manche auch in eine andere Stimmlage, wenn sie beten. Genau darum meinen wir, wir müssten unsere Augen schließen oder eine ganz bestimmte Gebetshaltung einnehmen. Genau darum beten wir für Zeug, das wir für geistlich halten, anstatt einfach das zu formulieren, was in unserem Herzen und Sinn ist.

Sie werden einen erfrischenden Neuanfang in Ihrem Gebetsleben erfahren, wenn Sie erkennen, dass Sie nichts anderes zu beten brauchen als das, was in Ihren Gedanken und in Ihrem Herzen ist. Dann entdecken Sie so langsam, dass jeder Augenblick, jeder Gedanke, jede Sekunde eine Möglichkeit ist, mit Ihrem Vater im Himmel Verbindung aufzunehmen.

Meine Befürchtung ist, dass das Problem mit dem Beten lediglich ein Hinweis auf ein viel größeres Anliegen ist: unsere Neigung, unser geistliches Leben von unserem Alltag zu trennen. Genau darum reden wir in der Gemeinde so und auf der Arbeit anders. Genau darum verhalten wir uns gegenüber Freunden in der Bibelgruppe so und gegenüber Freunden, mit denen wir shoppen oder Golf spielen gehen, anders. Um uns vom Götzendienst zu befreien, müssen wir das Abschieben Gottes in einen bestimmten Bereich unseres Lebens hinter uns lassen. Und das gilt besonders in Bezug aufs Beten.

Gebet war nie als Aktivität gedacht. Es sollte vielmehr ein fortlaufendes Gespräch sein, eine Beziehungsmöglichkeit.

Wissen Sie noch, wie Sie Autofahren gelernt haben? Ich erinnere mich, als wäre es erst gestern gewesen. Wie in so vielen amerikanischen Familien, brachte mir mein Vater das Autofahren mit Schaltgetriebe bei. Ich weiß noch, wie ich mich auf den Fahrersitz setzte und überwältigt war von der langen Liste meiner Aufgaben: Spiegel einstellen. Sitz anpassen. Lenkrad mit beiden Händen umgreifen und tief durchatmen. Bremspedal und Kupplung durchtreten. Zündschlüssel umdrehen. Mit der rechten Hand den ersten Gang einlegen. Die Hand sofort wieder ans Lenkrad nehmen. Bremse langsam loslassen und gleichzeitig Kupplung kommen lassen. Aufs Gaspedal treten und das Auto heftig zum Ruckeln bringen. Vorwärtshoppeln und hoffen, dass der Motor nicht ausgeht …

Wochen-, vielleicht sogar monatelang war das meine gedankliche Checkliste, die ich jedes Mal durchging, wenn ich in den Wagen stieg. Ich weiß nicht mehr, wann ich die einzelnen Schritte nicht mehr überflog und einfach anfing zu fahren. Heute kann ich einfach in mein Auto springen, alle Punkte richtig machen und gleichzeitig ein Gespräch führen. Ich muss nicht einmal mehr darüber nachdenken.

So sollte, meine ich, auch das Beten ablaufen: nicht dass es zur bedeutungslosen Routine verkommt, sondern dass wir dazu übergehen, Gebete nicht mehr mit einer Checkliste abzuhaken, sondern zu natürlichen Gewohnheiten werden zu lassen. Uns lösen vom *Hier sitze ich nun mit geschlossenen Augen und bete, und jetzt arbeite ich am Rechner, und jetzt bete ich wieder, und jetzt treffe ich mich mit Freunden, und jetzt bete ich.* Vielmehr soll das Beten ein integraler Bestandteil unseres Lebens werden.

Denken Sie doch einfach mal über die Bibelstellen nach, in denen das Beten so natürlich wie das Atmen dargestellt wird:

„Wie wichtig es ist, Gott *so lange* zu bitten, bis er antwortet, machte Jesus durch ein Gleichnis deutlich" (Lukas 18,1; Hervorhebungen durch den Autor).

„*Hört nie auf*, zu bitten und zu beten! … *Bleibt* wach und bereit" (Epheser 6,18; Hervorhebung durch den Autor).

„*Hört niemals auf* zu beten" (1. Thessalonicher 5,17; Hervorhebung durch den Autor).

Diese Verse betonen, dass Beten so viel mehr ist als sich hinzusetzen, die Augen zu schließen und sich durch eine Liste von Dingen zu beten, die Gott ändern möge. Wir werden vielmehr in die Lage versetzt, uns unaufhörlich der Gegenwart Gottes bewusst zu sein. Ortberg bestätigt das:

Beim Gebet geht es nicht darum, Gebetsmeister hervorzubrin-
gen. Beim Gebet geht es nicht darum, einen neuen Rekord für
die längste Gebetszeit aufzustellen. Beim Gebet geht es dar-
um, mein gesamtes Leben im freudigen Bewusstsein der Ge-
genwart Gottes zu führen und alle meine Worte in diesem
Bewusstsein zu sprechen. [7]

Beten heißt also nicht, sich Gedanken über Gott zu machen, wie man sich Gedanken über andere Dinge wie Sport macht. Beten heißt nicht einmal, Zeit mit Gott zu verbringen anstatt mit anderen Menschen. Wenn Sie Gott von solchen Dingen trennen, grenzen Sie ihn aus Ihrem Alltagsleben aus und kappen Ihre notwendige Verbindung zu Jesus. In der Sprache von Johannes 15,1-17 heißt das, Sie trennen die Rebe (Sie) vom Weinstock (Jesus).

Ich lerne gerade, dass jeder Augenblick ein Augenblick fürs Gebet ist, denn in jedem Augenblick kann man sich Gottes Gegenwart bewusst sein. Diese Übung des anhaltenden Gebets ist eine Möglichkeit, sich klar zu werden, dass Gott bei uns ist.

Bedeutet das also, dass man sich keine besonderen Gebetszeiten freihalten sollte? Ganz und gar nicht! Schließlich musste ich das Autofahren ganz lange üben, bis ich es automatisch konnte, und auch heute noch muss ich konzentriert sein, wenn ich Auto fahre. Regelmäßige Gebetszeiten, allein oder in Gemeinschaft, helfen uns, uns ohne Ablenkung auf Gottes Gegenwart zu konzentrieren, und vertiefen unsere Beziehung zu ihm – genau wie freigehaltene Zeiten der Zweisamkeit eine Ehe vertiefen können. Uns Zeiten eigens für das Beten zu reservieren, macht uns auch achtsamer gegenüber unserer Selbsttäuschung, wir würden immer „so nebenher" beten, obwohl wir in Wirklichkeit unseren Tagesgeschäften nachgehen und nur hin und wieder an Gott denken.

Ich würde Ihnen niemals raten, *keine* regelmäßigen, besonderen Gebetszeiten einzuhalten. Doch ich glaube mittlerweile, dass eine sorgfältig festgelegte Gebetszeit nur ein Mittel zum Zweck ist, nicht der Zweck selber: Wir planen das regelmäßige Gebet ein, damit es zum selbstverständlichen Bestandteil unseres Lebens werden kann.

Vor ein paar Wochen hatte ich Gelegenheit, mit Max Lucado Golf zu spielen. Seit meinem Studium ist Max eines meiner großen Vorbilder; daher freute ich mich wahnsinnig über die Möglichkeit, den Tag mit ihm zu verbringen. Als wir zum ersten Abschlag kamen, hörte ich, wie er etwas so Einfaches wie Grundlegendes murmelte. Während er dastand und einen Probeschwung machte, sah er zum Himmel hinauf und sagte: „Danke, Gott, für diesen wunderbaren Tag zum Golfspielen." Das war so tief greifend für mich, weil ich merkte, dass Max spontan die Gelegenheit wahrnahm, eine Verbindung zur Gegenwart Gottes herzustellen und sich bewusst zu machen, dass *Gott genau in diesem Augenblick nah* war. Selbst am Abschlag war er bei uns und verantwortlich für diesen wunderschönen Tag, den er uns geschenkt hatte.

Das halte ich für das eigentliche Ziel des Betens: von einem Augenblick zum nächsten mit einem Bewusstsein für die Gegenwart Gottes verbunden zu werden. Am Weinstock zu bleiben, denn ohne dessen Versorgung verlieren wir die Kraft, die wir unbedingt brauchen, um den leeren Versprechen dieser Welt aus dem Weg zu gehen. Gottes Gegenwart als Quelle unseres Lebens und unserer Kraft anzuerkennen, indem wir ihm unsere Gedanken, ganz gleich welcher Art, darbieten. Oder wie Henri Nouwen es einprägsam ausdrückte, „unseren unaufhörlichen Gedankenfluss in ein unaufhörliches Gebet zu verwandeln" und „unser ganzes Leben Gebet werden zu lassen".[8]

Gebet ist meine Möglichkeit, mir bewusst zu machen, dass *Gott mit uns ist* – das bedeutet der Name Immanuel nämlich (vgl. Matthäus 1,23). Gott ist fähig und willens, mir zu helfen, das Leben zu führen, das er für mich vorgesehen hat.

Vorsicht, bitte!

Ich verrate Ihnen eine Befürchtung in Bezug auf dieses Kapitel: Ich habe Angst, dass wir – statt uns von Gott durch Einsamkeit, Bibellese, Gebet und Fasten von unseren Selbsttäuschungen befreien zu lassen – anfangen, diese geistlichen Übungen zu polieren und zu perfektionieren, bis sie zu hellen, glänzenden goldenen Kälbern werden. Wenn wir das tun, hemmen wir ihre Kraft und Verheißung.

Es kann passieren, dass wir all diese und noch viele andere Übungen tun, ohne dass sich unser Herz oder unser Verstand ändert. Ich weiß, dass es sogar vielen Christen so geht. Wenn ich Sie also ermutige, sich in diesen Praktiken zu üben, möchte ich Sie gleichzeitig daran erinnern, dass sie keinen Wert *an sich* haben! Wir dürfen nicht denken: „Siehst du, Gott, was ich für dich tue?" Damit geben wir uns leicht der Täuschung hin, dass Gott, wenn wir alles richtig machen – also beten, fasten, Gottes Wort lesen und die Einsamkeit suchen –, uns etwas schuldig ist und all unsere ichbezogenen Bedürfnisse erfüllt. Wenn wir nicht aufpassen, könnten die Übungen selbst also zu falschen Göttern erhoben oder zu bloßen religiösen Pflichten herabgestuft werden. Dann verwandeln wir das leichte Joch, das Jesus uns gegeben hat, in eine schwere Last für uns selbst und andere.

Wenn wir ein schlechtes Gewissen haben, weil wir unsere Gebetszeit nicht einhalten konnten, unsere Bibellektüre verschieben mussten oder so hungrig waren, dass wir das Fasten gebrochen haben, dann haben wir das Wesentliche nicht verstanden. Hier geht es nicht darum, dass wir Gott im Stich lassen oder dass er vielleicht unglücklich ist, weil wir uns nicht genug angestrengt haben. Mit geistlichen Übungen können wir bei Gott keine Pluspunkte gewinnen. Wir verdienen uns nicht Gottes Liebe oder Gunst durch Beten oder Bibellesen, Fasten oder Rückzug in die Einsamkeit. Es sind vielmehr Wege, ihm näherzukommen, sich seiner Gegenwart bewusster zu sein – bei ihm zu sein und mehr so zu werden wie er.

Für diese geistlichen Übungen muss man zwar etwas „tun" – einen Ort zum Alleinsein suchen, die Bibel zur Hand nehmen, alles so organisieren, dass Fasten möglich ist, die Aufmerksamkeit Gott zuwenden –, aber wir führen sie nicht einfach durch, um *etwas zu tun*. Wir *tun* sie, damit wir *sein* können. Es sind also Hilfsmittel, die es uns erleichtern, in Gottes Gegenwart zu treten. Unsere Zeit mit ihm – nicht die geistlichen Übungen, die uns zu ihm führen – ist es, die uns mehr und mehr zu dem Bild Gottes formt, das vor allen Zeiten in uns eingepflanzt wurde. Geistliche Übungen sind bloß ein Mittel zur Veränderung, nicht die Veränderung selbst.

Ich würde sogar so weit gehen zu behaupten, dass wir uns nicht noch mehr bemühen, sondern erkennen sollten, wie nutzlos unser Eifer ist. Vielleicht ist das eigentliche Ziel, Möglichkeiten innerhalb dieser Übungen zu finden, uns mehr für das zu öffnen, was nur Gott tun kann: uns durch seine Gnade und Wahrheit zu verwandeln.

Kapitel Zwölf

Zufriedenheit der Seele

Superman war schon immer mein liebster Superheld.

Aber er war nicht der einzig Auserkorene. Dank Cartoons und Comics gab es eine Menge mächtiger Typen, mit denen ich mich identifizieren konnte. Doch Superman war immer die Nummer eins. Als ich ein kleines Kind war, ergriff ich jede Gelegenheit, vor dem Fernseher zu sitzen und zuzuschauen, wie er anderen half. Immer war er rechtzeitig da, wenn es brenzlig wurde.

Während ich dies schreibe, wartet ein weiterer Kino-Sommer auf uns, in dem eine lange Liste von Superhelden-Filmen erscheinen wird. Meine Söhne betteln bereits darum, alle sehen zu dürfen. Jedes Mal, wenn im Fernsehen eine Vorschau gezeigt wird, kreischen sie: „Papa, komm schnell! Das musst du sehen! Los, Papa, komm!"

Letzten Freitag habe ich mir mit Jett, meinem Ältesten, im Kino den neuesten Superhelden-Streifen angeschaut. Es hat Spaß gemacht zu beobachten, wie seine Augen bei jeder Szene heller leuchteten. Er verließ das Kino mit einem breiten Lächeln. Und als ich ihn fragte, wie ihm der Film gefallen habe, antwortete er: „Ganz toll, Papa. Ich will selber auch mal so etwas Cooles machen."

Ich glaube, mein Zehnjähriger brachte genau auf den Punkt, warum solche Geschichten von einer Generation zur nächsten weitergetragen werden. Im Grunde ist es doch dieselbe Geschichte, die immer und immer wieder erzählt wird, aber jedes Mal zu funktionieren scheint. Ob Superman, Spider-Man, Wonder Woman oder die Power Rangers (mein Fünfjähriger hat darauf bestanden, dass ich sie hier nenne) – sie alle entsprechen einem bestimmten Muster: Ein normaler Mensch lebt ein normales und irgendwie langweiliges Leben, bis etwas passiert, wodurch sich alles ändert. Plötzlich ist dieser normale Mensch etwas Besonderes.

Warum? Für gewöhnlich kommt hier irgendeine Gabe oder Kraft ins Spiel. Doch es ist noch mehr, oder? Wirklich anders ist, dass der zuvor durchschnittliche Mensch plötzlich in einer neuen Welt mit einem neu entdeckten Sinn lebt.

Dazu bestimmt, etwas zu bewirken.

Auserwählt.

Solche Geschichten ziehen uns nicht deswegen an, weil wir auch auf hohe Gebäude springen, Elastananzüge tragen oder etwas Spinnentypisches machen wollen. (Na schön, einige von uns möchten das vielleicht doch.) Ich denke, diese Geschichten sind vor allem deshalb so faszinierend, weil die Hauptfigur das entdeckt, wonach wir alle unermüdlich auf der Suche sind: Wert, Bedeutsamkeit, Akzeptiertsein, Liebe, Schönheit, Sinn.

Der größte Unterschied zwischen unserer Geschichte und ihrer Geschichte ist, dass wir nicht einfach im Handumdrehen „etwas Besonderes" werden. Wir sind dazu geschaffen, unseren Sinn, unsere Bestimmung in dem einen zu finden, der uns gemacht hat. Dass wir auf Abwege geraten, dass wir uns von falschen Göttern unsere gottgegebenen Wünsche erfüllen lassen wollen, ändert nichts daran, dass Gott uns dazu bestimmt hat, nach Großem zu streben.

In diesem Buch ging es niemals um Schuld. Es war niemals mein Ziel, nur zu zeigen, dass wir alle mit falschen Göttern zu kämpfen haben. Ganz im Gegenteil. Ich wünsche mir sehr, dass Sie echte Freiheit davon erlangen. Sie finden sie dann, wenn Sie Gott von ganzem Herzen suchen. Ich wünsche mir sehr, dass Sie leeren Versprechen mehr und mehr auf die Schliche kommen, damit Sie nicht von der Quelle wahrer Macht abgelenkt werden. Das haben wir alle dringend nötig, denn die Gefahr, mit der wir konfrontiert werden, ist ganz real.

Der wahre Feind

In jeder typischen Superhelden-Geschichte erkennt der Held nach und nach immer besser, wie sein größter Widersacher tickt – um ihn dann zu besiegen. Der Held mag uns ja mit mutigen Heldentaten fesseln, aber er ist nichts ohne einen respektablen Gegenspieler. Welchen Sinn hat es, mit einem einzigen Satz auf ein hohes Gebäude zu springen, wenn es damit nichts wirklich Böses zu besiegen gibt?

Genauso gehört zur Entdeckung der wahren Freiheit von leeren Versprechen dazu, dass man erkennt, dass es etwas Böses gibt. Dieser Feind wünscht sich nichts mehr, als dass wir im Teufelskreis des Götzendienstes gefangen sind und darin stecken bleiben. Die wahren Bösewichte sind also nicht die Götzen selbst. Geld, Besitz, Produktivität, Schönheit und so etwas haben keine wahre Macht, uns zu schaden. Und auch unser fehlgeleitetes Herz kann man nicht voll dafür verantwortlich machen. Der wahre Bösewicht ist der Verführer selbst: Satan.

Gucken Sie einmal, wie er versucht, Jesus zu verführen (Lukas 4,5-7):

Dann führte ihn der Teufel auf einen hohen Berg und zeigte ihm in einem einzigen Augenblick alle Reiche der Welt und bot sie Jesus an: „Alle Macht über diese Welt und ihre Herrlichkeit will ich dir geben; denn mir gehört die Welt, und ich schenke sie, wem ich will. Wenn du vor mir niederkniest und mich anbetest, wird das alles dir gehören."

Kommt Ihnen das bekannt vor? Der Satan verspricht Jesus Macht in der Welt und die Herrlichkeit des Reichtums. Zu uns sagt er: „Geld, Sex, Macht oder was immer dein Herz begehrt, will ich dir geben." Er schwört, dass uns diese Dinge zufrieden oder glücklich machen – obwohl er das gar nicht herbeiführen kann.

Solche Sachen sagt der Teufel schon seit ewigen Zeiten. Er verführte Eva mit dem Versprechen, sie werde wie Gott sein. Er überrollte Hiob ohne Skrupel. Und er „ergriff Besitz" von Judas, bevor er Jesus verriet (Lukas 22,3).

Und doch fallen wir andauernd darauf herein. Wie kommt es, dass wir zwar mitbekommen, dass andere Menschen *nicht* durch leere Versprechen zufriedengestellt werden, aber dennoch daran festhalten, dass sie *uns* glücklich machen können? Das Karussell dreht sich unaufhörlich im Kreis, und doch meinen wir, wir seien auf einer einzigartigen Reise – und diesmal würde alles anders.

Sind wir wirklich so auf den Kopf gefallen? Oder gibt es einen, der uns Sachen verspricht, der uns austrickst? Und schlimmer noch: der uns zu der Annahme verleitet, es sei nicht er, der da redet?

Warum wähle ich hier so drastische Worte? Weil es so wichtig ist, klar zu erkennen, wer unser wahrer Feind ist: nicht die leeren Versprechen selbst, sondern der, durch den sie kommen. Satan selbst ist derjenige, der versucht, uns zum Narren zu halten und uns etwas vorzugaukeln.

In Epheser 6,12 erklärt Paulus, wogegen wir kämpfen: „nicht gegen Menschen, sondern gegen Mächte und Gewalten des Bösen, die über diese gottlose Welt herrschen und im Unsichtbaren ihr unheilvolles Wesen treiben". Diese „Gewalten des Bösen", angeführt vom Teufel selbst, albern nicht herum. Der Satan ist fest entschlossen, uns zu vernichten. Was sagte Petrus, als er seine Glaubensgenossen vor ihm warnte? „Bleibt besonnen und wachsam! Denn der Teufel, euer Todfeind, schleicht wie ein hungriger Löwe um euch herum. Er wartet nur auf ein Opfer, das er verschlingen kann" (1. Petrus 5,8).

Ein biblischer Superheld

Daniel ist einer der meisterwähnten Männer der gesamten Bibel, eine Art biblischer Superheld. Seine Geschichte wird immer wieder erzählt, als tolles Beispiel für großen Mut im Angesicht von Gefahr, vor allem als er in eine Grube voll hungriger Löwen geworfen wurde und überlebte. Wahrscheinlich haben Sie diese Geschichte auch schon oft gehört. Was darin jedoch seltsamerweise fehlt, ist *irgendeine* Beschreibung von Daniels Erfahrungen in der Löwengrube.

Darauf hat mein Freund und Pastorenkollege Steven Furtick kürzlich in einem seiner Blogs aufmerksam gemacht, und er hat vollkommen recht damit.[1] Wie Steven hervorhebt, wird Daniels Leben in 153 Versen beschrieben, bevor er in der Löwengrube landet. Doch abgesehen von ein paar Versen, in denen Daniel dem König erzählt, Gott habe einen Engel geschickt, um den Löwen das Maul zuzuhalten, gibt es keinen weiteren Bericht über diese bedrohliche Situation.

Komisch, nicht? Die Geschichte von einem Mann, der in eine Grube mit hungrigen, wilden Tieren geworfen wird, ist doch wirklich hoch spannend. Denken Sie an all die Details: die gewaltigen Löwenzähne, der Geruch, die Todesangst, der rettende Engel. Warum also erhalten wir keinen epischen Bericht darüber?

Ich glaube, weil es eigentlich nicht um Daniels Mut und Glauben in der Löwengrube geht. Es war Gott selbst, der den Löwen das Maul zuhielt. Als Daniel in die Grube geworfen wurde, konnte er ja gar nichts tun. Ich will damit nicht sagen, dass Daniel kein Held gewesen wäre. Aber wahrhaft beeindruckend ist vielmehr, wie er lebte, *bevor* er diese hautnahe und ziemlich persönliche Begegnung mit den Löwen hatte.

In Kapitel fünf haben wir nur einen kurzen Blick auf Daniel geworfen. Jetzt möchte ich ihn mir mit Ihnen genauer ansehen: Welche beiden Lebensentscheidungen traf Daniel, die es ihm ermöglichten, die Landminen zu umgehen, die wir leere Versprechen nennen, um so auf beeindruckende Weise von Gott eingesetzt zu werden? Ich halte diese beiden Entscheidungen für wesentlich für jeden von uns, der von Herzen zu dem Menschen werden will, den Gott sich ausgedacht hat.

Treuer Dienst

Wir haben bereits gesehen, dass Daniel bei König Nebukadnezar hohes Ansehen errungen hatte. Jetzt, Jahre später, übernahm König Darius das Zepter. Daniel stand auch in der Gunst dieses neuen Königs und wurde ein einflussreicher Verwalter. Das wiederum machte andere Angehörige des Hofs eifersüchtig, sodass sie nach Möglichkeiten Ausschau hielten, Daniel zu stürzen:

> *Bald stellte sich heraus, dass Daniel weitaus klüger und begabter war als die anderen Beamten und die Statthalter. Der König dachte sogar daran, ihm die Verwaltung des ganzen Reiches zu übertragen. Da suchten die anderen führenden Männer nach einem Grund, um Daniel anklagen zu können. Er übte sein Amt jedoch so gewissenhaft aus, dass sie ihm nicht das kleinste Vergehen nachweisen konnten; er war weder nachlässig noch bestechlich. Da sagten sie sich: „Wir haben nichts gegen Daniel in der Hand, es sei denn, wir finden in seinem Glauben etwas Anstößiges!"* (Daniel 6,4-6)

Sie können sich vorstellen, wie frustriert diese Männer waren. Sie waren Berufspolitiker und daran gewöhnt, dass hinter jeder Ecke Korruption lauerte. Doch ihr Versuch, Daniel Bestechung anzuhängen, scheiterte.

Sie hofften auf eine Lüge aus seinem Munde. Nichts.

Sie hielten Ausschau nach einem Gesetz, das er gebrochen hatte. Nichts.

Sie fahndeten nach einer Nachlässigkeit seinerseits. Nichts.

Schließlich fiel ihnen nur noch eine Möglichkeit ein, wie sie Daniel bei einem Vergehen ertappen könnten, nämlich indem sie die Gesetze änderten. Daher gingen sie zu König Darius, schmierten ihm Honig um den Bart und überredeten ihn, ein Gesetz zu erlassen, das sich störend auf Daniels weithin bekannte Hingabe an Gott auswirkte. In dem neuen Gesetz hieß es, dass in den nächsten rund dreißig Tagen niemand zu einem Gott oder Menschen beten durfte außer zum König selbst.

> *Als Daniel davon erfuhr, ging er in sein Haus. Das obere Stockwerk hatte Fenster in Richtung Jerusalem, die offen standen. Hier kniete er nieder, betete zu seinem Gott und dankte ihm, wie er es auch sonst dreimal am Tag tat. Plötz-*

*lich stürmten seine Feinde herein und ertappten ihn dabei,
wie er Gott anflehte. Sofort gingen sie zum König und fragten: „Hast du nicht ausdrücklich befohlen, jeden den Löwen
zum Fraß vorzuwerfen, der in den kommenden dreißig Tagen eine Bitte an irgendeinen Gott oder Menschen richtet außer an dich, o König?" (Daniel 6,11-13)*

Woher wussten diese Berater, dass Daniel ihnen durch seinen Glauben
in die Falle gehen würde? Weil sie gesehen hatten, dass dieser Glaube
tagtäglich gelebt wurde.

Im Buch Daniel taucht an mehreren Stellen eine großartige Formulierung auf. Damit beschrieben die Babylonier, was zwischen Daniel
und seinem Gott geschah, die Beziehung, die sie in Daniels Leben er-
kannten. Sie redeten von dem Gott, „dem du ... *treu/unaufhörlich*
dienst" (Daniel 6,17 und 6,21).

Nicht gelegentlich.

Nicht sporadisch.

Nicht wenn es gerade passt.

Der Gott, dem du *unaufhörlich* dienst.

Ich glaube, viele von uns wünschen sich eine Art Löwengrubenerfah-
rung, ein Ereignis im Leben, bei dem Gott Großes für uns tut. Doch
die meisten Menschen bekommen nie die Gelegenheit, Gottes Treue in
einer Löwengrube zu erleben, weil sie ihr Vertrauen auf Gott nicht im
Alltag unter Beweis stellen: Wir werden wahrscheinlich nicht erleben,
wie Gott sich auf großartige Weise finanziell für uns einsetzt, wenn wir
nicht lernen, ihm 10 Prozent unseres Besitzes anzuvertrauen. Wir werden vielleicht keine große Gnade im Beruf erleben, wenn wir Gott von
unserer Arbeit ausgrenzen. Vermutlich werden wir nicht erleben, wie
Gott uns in der Schule Einfluss schenkt, wenn wir so leben, dass niemand dort weiß, dass wir überhaupt an Gott glauben.

Der Schlüssel zu einem heldenhaften christlichen Leben ist nicht zu
versuchen, wie Daniel in der Löwengrube zu sein, sondern eher wie der
Daniel an allen anderen Tagen seines Lebens: Er betete und blieb unbe-
scholten, er diente Gott unaufhörlich, er stellte sich beharrlich gegen

schnelle Lösungen, die häufig mit der Versuchung des Götzendienstes einhergehen.

Reife Christen zu sein, bedeutet meiner Meinung nach nicht, nie mit der Verehrung falscher Götter zu tun zu haben. Reife erlangen wir eher, wenn uns bewusst wird, dass das ein lebenslanger Kampf ist – und wir uns entscheiden, uns ihm jeden Tag zu stellen. Sie ist eine Erkenntnis, die uns von der Bindung an leere Versprechen in die Freiheit entlässt.

Grenzenloser Glaube

Daniel diente nicht nur unaufhörlich; er vertraute Gott auch grenzenlos. Und das war vermutlich nicht ganz einfach.

Er hatte in seinem Leben eine Menge auszuhalten. Von Kindesbeinen an gab es zahlreiche Ereignisse, die ihn dazu hätten bringen können, seinen Glauben und seine Hingabe an Gott aufzugeben. Und ich vermute, es gab Jahre, in denen Gebete unbeantwortet blieben und Daniel sich vorkam, als hätte Gott ihn vergessen oder, vielleicht noch schlimmer, als wäre Daniel ihm egal.

Er muss sich an Gott gewandt haben, als er noch ein Kind war und Babylon zur Weltmacht aufstieg. Als Nebukadnezar das kleine Land Israel bedrohte, wird Daniel wohl gebetet haben, dass Nebukadnezar es nicht besiegte. Doch Nebukadnezar gewann.

Als Babylon einige der klügsten und besten jungen Leute Israels gefangen nahm, wird Daniel wohl gebetet haben, dass er nicht einer von ihnen sein würde. Doch er war einer der Jugendlichen, die sich auf den langen Marsch zum babylonischen Königspalast machen mussten.

Als Daniel dann Jahre später von dem neuen Erlass erfuhr, dass alle König Darius anzubeten hätten, hat Daniel gewiss gebetet, König Darius solle es sich mit dem Erlass noch einmal überlegen und ihn nicht in Kraft setzen. Auch das ging leider anders aus.

Damit will ich nicht sagen, dass Daniel niemals die Treue Gottes erfuhr. Vielmehr spürte er wieder und wieder, dass Gott ihm nah war. Doch gab es auch Zeiten, in denen alles schiefzulaufen und Gott weit entfernt zu sein schien. Dann fiel es Daniel bestimmt nicht leicht, am Glauben festzuhalten. Ehrlich gesagt neige ich dazu, mich auf die Suche nach einem falschen Gott zu machen, wenn ich die Gegenwart des wahren Gottes nicht bemerke – oder wenn es den Anschein hat, er habe mich im Stich gelassen. Ist das nicht oft ein Auslöser für die Suche nach Ersatz?

Kehren wir zurück zu den ersten biblischen Beispielen von Götzendienst, die wir in Kapitel eins betrachtet haben. Mose hatte die Israeliten aus Ägypten geführt, war dann jedoch für geraume Zeit verschwunden. Er erhielt in dieser Zeit die Zehn Gebote, doch das wussten die Israeliten nicht. Daher überredeten sie Aaron, ihnen einen goldenen Götzen zu machen, den sie verehren konnten.

Nach ihren Vorstellungen stand ein anwesender Anführer für einen anwesenden Gott. Nicht eine einzige Sekunde lang hatte Gott sie verlassen, doch sie empfanden das anders. Sie waren bereit, sich einem falschen Gott zuzuwenden, einem goldenen Kalb, das ihnen nicht mehr zu bieten hatte als seine bloße Existenz. Es konnte nicht reden, nicht atmen, niemanden anführen und nichts Wundersames tun, doch es stand da in ihrer Mitte. Für die Israeliten, die sich verlassen fühlten, war das eine große Versuchung.

Wir sind da gar nicht so anders, Sie und ich. In solchen Zeiten, in denen Gott fern scheint, kommen uns unsere falschen Götter besonders verlockend vor. Schließlich sind sie erreichbar.

Wir können sie anrufen.

Wir können sie essen, trinken oder rauchen. (Manche davon jedenfalls.)

Wir können sie manipulieren.

Wir können sie kaufen und verkaufen.

Wir können uns von ihnen davon ablenken lassen, was wir wirklich brauchen.

Wir sind bereit, uns an diese falschen Götter zu verkaufen, weil wir nicht abhängig sein wollen von einem Gott, der unsichtbar ist und mitunter nur schwer wahrzunehmen. In solchen Zeiten am Glauben festzuhalten, scheint nur allzu schwierig.

Nachdem so viele Gebete von Daniel scheinbar unbeantwortet geblieben waren, war er der perfekte Kandidat dafür, sich kopfüber in Götzendienst zu stürzen. Doch das tat er nicht. Vielmehr hielt er am Glauben fest. Und als er in die Löwengrube geworfen wurde, muss er wohl gebetet haben: „Gott, bitte rette mich."

Und Gott antwortete.

Mir gefällt der Austausch zwischen Daniel und König Darius an dem Morgen, nachdem Daniel in die Löwengrube geworfen worden war, sehr.

> *Im Morgengrauen stand er auf und lief schnell zur Löwengrube. Schon von Weitem rief er ängstlich: „Daniel, du Diener des lebendigen Gottes! Hat dein Gott, dem du unaufhörlich dienst, dich vor den Löwen retten können?" Da hörte er Daniel antworten: „Lang lebe der König! Mein Gott hat seinen Engel gesandt. Er hat den Rachen der Löwen verschlossen, darum konnten sie mir nichts anhaben. Denn Gott weiß, dass ich unschuldig bin, und auch dir gegenüber, mein König, habe ich kein Unrecht begangen." (Daniel 6,20-23)*

Und Daniels unbeugsamer Glaube führte nicht nur zu einem Wunder in seinem eigenen Leben. Sein Glaube brachte auch die falschen Versprechen im Leben anderer Menschen zum Schweigen. Sein Vertrauen auf Gott erlaubte es anderen, die Leere der Dinge zu erkennen, denen sie vertrauten. König Darius reagierte so:

> *„Hiermit ordne ich an, in meinem ganzen Reich dem Gott Daniels Ehrfurcht zu erweisen! Denn er ist der lebendige Gott, der in alle Ewigkeit regiert. Sein Reich geht niemals unter, seine Herrschaft bleibt für immer bestehen. Er rettet und befreit, er vollbringt Wunder und zeigt seine große Macht im Himmel und auf der Erde. Daniel hat er vor den Löwen gerettet." (Daniel 6,27-28)*

Als Daniel diese Worte aus dem Mund des Königs Darius hörte, muss er gedacht haben: *Ganz genau, das ist mein Gott! Ihr könnt meinetwegen jedem Gott dienen, den ihr wollt. Betet doch an, wen ihr wollt. Doch es gibt nur einen Gott, der wirklich Macht hat.*

Wirklich wahr

Sie sollen unbedingt wissen, dass ich von ganzem Herzen glaube, dass unser Gott die Macht hat, unsere tiefsten Bedürfnisse zu stillen. Er ist kein Mythos. Er ist kein Abstraktum oder eine hübsche Idee. Er ist nicht der neueste Trend.

Er ist wahr. Er hat alles gemacht, was es gibt. Er steht über Zeit, Raum und Geschichte. Was mir unmöglich vorkommt, ist für ihn nicht im Entferntesten ein Problem.

Er ist ganz und gar kein leeres Versprechen. Er ist wirklich wahr!

Das heißt, Sie brauchen keine Angst zu haben.

Sie brauchen nicht mutlos zu sein und nach etwas suchen, das den Schmerz heilen oder Ihre innere Leere füllen kann, denn unser Gott ist fähig, all das zu tun.

Er hat die Macht, eine zerrüttete Ehe zu heilen.

Er hat die Macht, Menschen von schrecklichen Süchten zu befreien.

Er hat die Macht, die dunkelsten Sünden zu vergeben und Menschen zu neuen Geschöpfen zu machen.

Er hat die Macht, auch die drängendsten Bedürfnisse zu stillen.

Er hat die Macht, mit übernatürlicher Weisheit zu leiten.

Unser Gott hat die Macht.

Und er ist genau das, wonach Sie sich schon Ihr ganzes Leben lang sehnen. Sie suchten es in der Anerkennung Ihrer Eltern. Sie haben es zu finden versucht, indem Sie immer Größeres und Tolleres erreichen wollten. Doch es war schon die ganze Zeit hier. Genau hier in Gott, Ihrem Schöpfer. Denn er – und nur er – kann Ihnen geben, was Ihnen keiner dieser falschen Götter geben kann.

Zu Hause

Als kleines Kind fuhr ich in den Ferien immer mit zu einer Freizeit namens Happy Hill Acres. Meine Woche auf Happy Hill Acres war mit keiner anderen Woche des Jahres zu vergleichen. Es gab keine hübschen Unterkünfte. Wir wohnten in rustikalen Hütten, vollgestopft mit Etagenbetten. Und es gab auch keinen Fernseher, also mussten wir uns mit einfacheren Vergnügungen wie Shuffleboard, Uno und Tischkicker begnügen.

Im Rückblick glaube ich, in Happy Hill Acres gab es kaum Gründe, happy zu sein.

Ich habe mehrere Jahre hintereinander an den Freizeiten teilgenommen, doch ich werde niemals den Sommer vergessen, in dem ich neun wurde. In jener Woche hatte ich grässliches Heimweh. Jeden Abend verkroch ich mich in meinem Schlafsack, damit die anderen Kinder nicht mitbekamen, wie ich mich in den Schlaf weinte. Ich versuchte, mein Zuhause zu vergessen, indem ich mich in alle angebotenen Aktivitäten stürzte. Doch nichts funktionierte. Ich sehnte mich nach daheim. Ich war untröstlich. Diese Leere in mir konnte nur eine Rückkehr nach Hause füllen.

Die Freizeit ging bis Samstag, doch am Mittwoch stellte ich mich krank und wurde früher nach Hause geschickt. Ich kann Ihnen gar nicht sagen, wie ich mich gefreut habe, als meine Eltern angefahren kamen, um mich zu holen. Ich wusste ohne jeden Zweifel, dass sich mein Schmerz nur lindern ließe, wenn ich nach Hause kam.

Dies ist eine bedeutende Wahrheit, die wir auch ansprechen müssen, wenn wir das Thema leere Versprechen vollständig behandeln wollen. Wie ernst wir auch immer Gott – und nur Gott allein – suchen, wie unaufhörlich wir ihm auch dienen und wie endlos wir ihm vertrauen: In diesem Leben wird immer ein kleines bisschen Leere tief in unserem Herzen bleiben. Die Suche nach Gott, nach Gott allein, bringt zwar auf jeden Fall Sinn, Zufriedenheit und Wert in unser Leben, doch vollständig und ganz fühlen wir uns noch immer nicht, zumindest nicht die ganze Zeit.

Warum?

Wir sollen es nicht, denn wir sind noch nicht daheim.

Keine Beziehung zu Gott in dieser gegenwärtigen Welt wird je so gehaltvoll, erfüllend oder befreiend sein wie später im Himmel.

Ich glaube, wir erweisen unseren Gemeinden einen schlechten Dienst, wenn wir sagen, dass Gott uns ein durch und durch erfüllendes Leben schenken kann, ohne hinzuzufügen, dass das zu unseren Lebzeiten nicht vollständig so sein wird. Wir helfen niemandem, wenn wir nicht vor einer unerfüllbaren Leere des Lebens auf der Erde warnen. C. S. Lewis schrieb dazu: „Wenn in uns ein Verlangen lebt, das durch nichts auf dieser Welt gestillt werden kann, so geht doch wohl daraus hervor, dass der Mensch für die jenseitige Welt erschaffen ist."[2] Ich glaube, das missachten wir häufig. Wir glauben, das, was wir wollen, sind: eine höhere Position, besseres Aussehen, größere Beliebtheit, ein höheres Gehalt, der perfekte Ehepartner. Wonach wir uns jedoch wirklich sehnen, ist derjenige, für den wir gemacht sind: Jesus, und der Ort, für den wir gemacht sind: der Himmel.

Das bedeutet jedoch nicht, dass wir einfach aufgeben sollten. Entweder wir machen Gott auf unsere innere Leere aufmerksam und trauen ihm zu, dass er sie schließlich füllt, oder wir entscheiden uns, für uns selbst zu sorgen und uns leeren Versprechen zuzuwenden, die die innere Leere nur noch schlimmer machen.

Es gibt nur sehr wenige neutrale Augenblicke im Leben. Jeder einzelne bietet eine Gelegenheit, eine Wahlmöglichkeit, entweder näher an die Ähnlichkeit und Gegenwart unseres Schöpfers zu rücken oder weiter abzudriften. Dieser Gedanke sollte uns keinen Schrecken oder Schuldgefühle einjagen und uns nicht lähmen. Er sollte uns nicht verrückt machen, sondern entlasten, indem wir uns bewusst machen, dass jeder Augenblick eines jeden Tages uns die Möglichkeit schenkt, uns von Gottes Gegenwart anziehen, uns von seiner Gnade formen zu lassen und einen Schritt auf unser Zuhause zuzumachen. Unser Leben kann buchstäblich umgewandelt werden, wenn wir uns entscheiden, im ständigen Bewusstsein der Gegenwart Gottes zu leben.

Eines der größten Themen der Heiligen Schrift ist Gottes ständige

Wiederholung seines: „Ich bin bei euch. Und ihr, wollt ihr auch bei mir sein?"

Die Geburt Isaaks war Gottes Art, zu Abraham zu sagen: „Ich bin bei dir. Entscheidest du dich dafür, bei mir zu sein?"

Der sich stauende Jordan, der mit einem lauten Rums zu Boden fallende Goliath, der vom Feuer verschlungene Stier, der Erlass des Königs zum Schutz der Juden: All das waren Variationen derselben Botschaft Gottes: „Ich bin bei euch. Werdet ihr euch für mich entscheiden?"

Und die Geburt von Immanuel – Jesus! Damit hat Gott der ganzen Welt gesagt: „Ich bin bei euch. Werdet ihr euch mir zuwenden?"

Und so geht es immer weiter: der Heilige Geist, der wie ein Rauschen auftaucht (Apostelgeschichte 2), das gewaltige Erdbeben, das die Gefängniszelle ins Wanken bringt (Apostelgeschichte 16), die Offenbarung des Johannes auf der Insel Patmos. In der Heiligen Schrift lesen wir immer wieder das Versprechen, dass Gott, wenn wir uns zu ihm wenden, zu uns kommen wird (Jakobus 4,8). John Ortberg schreibt dazu:

> *Als Jesus seine Jünger einlud, ihr Kreuz auf sich zu nehmen, war das kein Aufruf zur Selbstvernichtung. Vielmehr war es ein Aufruf zu geistlicher Größe im göttlichen „Komplott" der aufopferungsvollen Liebe. Er bot den Menschen ein Ziel an, für das es wert ist, zu leben, zu sterben und aufzuerstehen – ein Ziel, das mehr ist als Erfolg, Intelligenz, Vergnügen oder Macht. Der Gott des Kreuzes schafft und erneuert alle Dinge, damit sie durch die Kraft der aufopferungsvollen Liebe gedeihen.[3]*

Das Kreuz ist mehr als die Startlinie unseres Glaubens: Darum dreht sich all unser Glaube. Und im Schatten dieses Kreuzes bete ich, dass Sie sich nie mit weniger zufriedengeben als der Mensch zu werden, den Gott aus Ihnen machen wollte. Ich bete, dass Sie das Kreuz daran erinnern möge, dass Jesus nicht nur die Folgen der Sünde besiegt hat, wodurch Sie die Möglichkeit erhalten haben, in Ewigkeit bei ihm zu sein. Er besiegte auch die Macht der Sünde, wodurch auch in diesem Leben eine Verwandlung möglich ist. Denn wenn wir uns von den leeren Versprechen abwenden, hin zu seiner wahren Gegenwart, werden wir verändert: vom Getriebensein zu Hingabe, von Bedürftigkeit zu Annahme, von Kontrolle zu Unterwerfung, von Gier zu Freigiebigkeit, von gesetzlicher Religion zu Freiheit im Glauben, von Besessenheit vom äußeren Schein zu wahrer Schönheit, von Frust über die Vergangenheit zu Vertrauen in die Zukunft. Wenn wir lernen, unsere tiefste Zufriedenheit in Gott zu finden, wird unser Leben die Bedeutung haben, auf die es ankommt, und wir können das Allerbeste genießen, das Gott zu bieten hat.

Die Menschen um uns herum werden nicht mehr dieselben sein.

Diese Welt wird nicht mehr dieselbe sein.

Selbst wenn uns die untröstliche Leere der Erkenntnis quält, dass wir noch nicht zu Hause sind, können wir doch wahre, erfüllende Zufriedenheit erfahren, die ein Götze uns niemals schenken könnte. Bald schon wird morgen sein und wir werden uns Jesu unglaublicher Einladung gegenübersehen, ihn in „Gottes Geist und seiner Wahrheit" (Johannes 4,23) anzubeten.

Hören Sie hin! Haben Sie es vernommen? Jesus ruft Sie auf, Ihre falschen Götter aufzugeben und Ihr ganzes Vertrauen auf ihn zu setzen. Denn ihm allein gebührt unsere ganze Hingabe.

Er allein hat die Vollmacht, uns alle Sünden zu vergeben.

Er allein hat die Weisheit, unser ganzes Leben zu lenken.

Er allein hat die Macht, unsere quälende innere Leere zu füllen.

Und Jesus allein hat die Macht, uns eines Tages nach Hause zu bringen, dorthin, wohin wir gehören: zu ihm.

Danksagungen

Brandi: Danke für deine beständige Liebe, Freundschaft und Geduld. Weil du mir vertraust, kann ich meine Träume verfolgen. Ich kann mir nicht vorstellen, diesen Weg mit einem anderen Menschen als dir zu gehen!

Meiner großen Familie, der Cross Point Church: Danke, dass ich euch dienen darf. Gemeinsam gestalten wir ein Umfeld, in dem es okay ist, nicht okay zu sein. Manchmal gerät alles durcheinander, oft passiert nicht das, was wir erwarten, und immer gibt es mehr zu tun, als wir aus eigener Kraft schaffen können. Es ist so toll, mit euch Gemeinschaft zu haben und das Leben zu teilen.

Meinen Mitarbeitern in der Cross Point Church: Auch nach neun Jahren ist es jeden Tag wieder eine Ehre für mich, mit einer so tollen Truppe zusammenzuarbeiten. Täglich inspiriert ihr mich, ein besserer Mensch zu werden. Jeden Einzelnen von euch schätze ich sehr.

Shannon Litton, Maurilio Amorim und David Schroeder: Danke für eure Klugheit und euren Glauben nicht nur an dieses Buch, sondern auch an mich. Danke, dass ihr mich mit meinem Wunsch aufzugeben konfrontiert und ihn mir ausgeredet habt!

Anne Christian Buchanan: Wie immer forderst du mich heraus, besser zu schreiben. Danke für alles, was du in dieses Buch investiert hast.

Meinem gesamten Team bei Thomas Nelson: Matt Baugher, Debbie Wickwire, Emily Sweeney, Kristi Johnson, Stephanie Newton, Adria Haley, Tom Knight und dem tollen Vertriebsteam, Caroline Green und Andrea Lucado: Danke, dass ihr an mich glaubt und dass ich auf diese unglaubliche Weise die Frohe Botschaft verkünden darf.

Quellennachweise

Kapitel Eins: Trügerisch gut

[1] Johannes Calvin, „Unterricht in der christlichen Religion/Institutio religionis Christianae" 1,11,8. Neukirchen: Neukirchener Verlag/ foedus Verlag, 2008, S. 57. Nach der letzten Ausgabe übersetzt und bearbeitet von Otto Weber.

[2] C. S. Lewis, „Pardon – ich bin Christ", Basel: Brunnen, 1977, S. 107, Übersetzung: Brigitte Bernard-Salin.

[3] Lewis Smedes, „Standing on the Promises: Keeping Hope Alive for a Tomorrow We Cannot Control", Nashville: Thomas Nelson, 1998, S. 41, Übersetzung: A. Klein-Esselborn.

Kapitel Zwei: Das gute Leben

[1] Ruth Haley Barton, „Sacred Rhythms: Arranging Our Lives for Spiritual Transformation", Downers Grove, IL: InterVarsity, 2006, S. 94, Hervorhebung durch den Autor, Übersetzung: A. Klein-Esselborn.

[2] Dallas Willard, zitiert in John Ortberg, „Tiger and the Good Life: Celebrities and Obituaries Offer Competing Definitions of What's Worth Pursuing", Leadership Journal (online edition), 14. Dezember 2009, www.christianitytoday.com/le/currenttrendscolumns/leadershipweekly/tigerandthegoodlife.htm, Übersetzung: A. Klein-Esselborn.

[3] C. S. Lewis, „The Weight of Glory", New York: Harper Collins, 2001, S. 26, Übersetzung: A. Klein-Esselborn.

Kapitel Drei: Die Verlockung von Leistung

[1] Einige Details, darunter die Namen, wurden geändert.

[2] Erwin Raphael McManus, „Driven, Destined, and Determined to Change", in: Soul Cravings, Nashville: Thomas Nelson, 2006, Destiny Entry 18, Übersetzung hier: A. Klein-Esselborn.

[3] Zitiert in Lynn Hirschberg, „The Misfit," Vanity Fair, 54, issue 4 (April 1991): 160–69, 196–202, zitiert in: Timothy Keller, „Es ist nicht alles Gott, was glänzt. Was im Leben wirklich trägt", Asslar: Gerth Medien, 2011, S. 105, Übersetzung: Beate Zobel.

[4] Harriet Rubin, „Success and Excess", Fast Company, 30. September 1998, http://www.fastcompany.com/magazine/18/success.html?page =0%2C2, Übersetzung hier: A. Klein-Esselborn.

Kapitel Vier: Die Sehnsucht nach Anerkennung

[1] Henri J. M. Nouwen, „Gottes Clown sein. Vom Beten und Dienen", Freiburg: Herder, 1985, S. 50–51. Übersetzung: Dr. Ursula Schottelius.

[2] Timothy Keller, „Es ist nicht alles Gott, was glänzt. Was im Leben wirklich trägt", Asslar: Gerth Medien, 2011, S. 67–68, Übersetzung: Beate Zobel. Der Kommentar, auf den in diesem Abschnitt verwiesen wird, stammt von Derek Kidner, „Genesis: An Introduction and Commentary", Downers Grove, IL: InterVarsity, 1967.

[3] Erwin Raphael McManus, „Being Loved to Death?", in: Soul Cravings, Nashville: Thomas Nelson, 2006, Intimacy Entry 13, Übersetzung hier: A. Klein-Esselborn.

Kapitel Fünf: Die Tücken der Macht

[1] C. S. Lewis, „God in the Dock" (s. a. „Gott auf der Anklagebank", Basel: Brunnen, 1981); Übersetzung hier: A. Klein-Esselborn.

[2] Jeffrey Pfeffer, „Macht", Kulmbach: Börsenmedien AG, 2011, S. 254, Übersetzung: Petra Pyka.

[3] Timothy Keller, „Es ist nicht alles Gott, was glänzt. Was im Leben wirklich trägt", Asslar: Gerth Medien, 2011, S. 158, Übersetzung: Beate Zobel.

Kapitel Sechs: Mehr als nur Geld?

[1] Graeme Wood, „Secret Fears of the Super-Rich", Atlantic, April 2011, http://www.theatlantic.com/magazine/archive/2011/04/secret-fears-of-the-super-rich/8419/, Übersetzung hier: A. Klein-Esselborn.

[2] Brent Kessel, „How Much Money Is Enough?", MSN Money, 14. Juli 2008, http://articles.moneycentral.msn.com/Investing/StockInvestingTrading/HowMuchMoneyIsEnough.aspx, Übersetzung hier: A. Klein-Esselborn.

[3] Max Lucado, „Leichter durchs Leben", Asslar: Gerth Medien, 2009, S. 39–40, Übersetzung: Kerstin und Jens Uhder.

[4] Judith Warner, „The Charitable-Giving Divide", New York Times Magazine, 20. August 2010, http://www.nytimes.com/2010/08/22/magazine/22FOB-wwln-t.html (s. a. John Stossel, Kristina Kendall, „Who Gives and Who Doesn't?" 20/20, 28. November 2006, http://abcnews.go.com/2020/story?id=2682730&page=1).

Kapitel Sieben: Fromme Lügen

[1] William J. Larkin Jr., „Acts", The IVP New Testament Commentary Series, Downers Grove, IL: InterVarsity, 1995, accessed on Bible-Gateway.com as „Acts 8—IVP New Testament Commentaries", http://www.biblegateway.com/resources/commentaries/IVP-NT/Acts/Philip-Ethiopian-Eunuch.

[2] David Crowder, „Sometimes," © 2011 sixsteps Music/worshiptogether.com Songs/Inot Music (Admin. at EMICMGPublishing.com) (ASCAP).

Kapitel Acht: Die Sehnsucht nach Schönheit

[1] Shaun Dreisbach, „Shocking Body-Image News: 97 % of Women Will Be Cruel to Their Bodies Today", Glamour, Februar 2011, http://www.glamour.com/health-fitness/2011/02/shocking-body-image-news-97-percent-of-women-will-be-cruel-to-their-bodies-today. (Auf Dt. etwa: 97 Prozent der Frauen werden heute gemein zu ihrem Körper sein; Anm. d. Übers.)

[2] Ebd.

[3] Sarah Knapton, „Solid Gold Statue of Kate Moss Unveiled at British Museum", Telegraph, 28. August 2008, http://www.telegraph.co.uk/news/celebritynews/2636358/Solid-gold-statue-of-Kate-Moss-unveiled-at-British-Museum.html.

[4] Michelle Graham, „Wanting to Be Her: Body Image Secrets Victoria Won't Tell You", Downers Grove, IL: InterVarsity, 2005, S. 14–15.

[5] Katy Lee, „Competitive Beauty Pageant Prompts Mom to Use Botox on Her Daughter," Walnut Patch, 17. Mai 2011, http://walnut.patch.com/articles/competitive-beauty-pageant-promptsmom-to-use-botox-on-her-daughter.

[6] Michelle Myers, „The Look That Kills: An Anorexic's Addiction to Control", Nashville: CrossBooks, 2010, S. 33, Übersetzung hier: A. Klein-Esselborn.

7 Ebd., S. 95, Übersetzung hier: A. Klein-Esselborn.

8 Margery Williams, „Das Samtkaninchen oder Das Wunder der Verwandlung", München: Lentz, 1997, S. 9–10, Übersetzung: Carsten Mayer.

Kapitel Neun: Die Jagd nach Träumen

1 Dallas Willard, „The Gospel of the Kingdom and Spiritual Formation", in: The Kingdom Life: A Practical Theology of Discipleship and Spiritual Formation, ed. Alan Andrews, Colorado Springs: NavPress, 2010, S. 41, Übersetzung hier: A. Klein-Esselborn.

Kapitel Zehn: Du bist, was du anbetest

1 John Ortberg, „Kings and Priests", catalystspace, 11. Januar 2011, http://www.catalystspace.com/content/read/article_JAN11--kings_and_priests--ortberg/.

2 Carolyn Custis James, „Half the Church: Recapturing God's Global Vision for Women", Grand Rapids, MI: Zondervan, 2010, S. 54, 56, Übersetzung hier: A. Klein-Esselborn.

3 N. T. Wright, zitiert in Ortberg, „Kings and Priests", Übersetzung: A. Klein-Esselborn.

4 Ebd., Übersetzung hier: A. Klein-Esselborn.

5 A. W. Tozer, „Das Wesen Gottes", Neuhausen-Stuttgart: Hänssler, 1985 und 1996, S. 10, Übersetzung: LITERA/Sperling-Botteron.

6 Informationen auf Deutsch dazu z. B. in der BBC-Dokumentation „Amerikas meistgehasste Familie", http://www.bbcgermany.de/EXKLUSIV/programm/sendung_665.php; Anm. d. Übers.

7 Richard Foster, „Nachfolge feiern. Geistliche Übungen neu entdecken", Witten: SCM Brockhaus, 2010, Übersetzung: Friedhilde Horn, Übersetzung hier: A. Klein-Esselborn.

Kapitel Elf: Nah an der Wahrheit

1   Dallas Willard, „Das Geheimnis geistlichen Wachstums", Asslar: Gerth, 2002, S. 185, Übersetzung: Jens Uhder.
2   Henri J. M. Nouwen, „Feuer, das von innen brennt. Stille und Gebet", Freiburg: Herder, 1981, S. 24–25, Übersetzung: Mathilde Wieman.
3   John Piper, „A Hunger for God: Desiring God Through Fasting and Prayer", Wheaton, IL: Crossway, 1997, S. 14, Übersetzung hier: A. Klein-Esselborn.
4   Richard Foster, „Nachfolge feiern. Geistliche Übungen neu entdecken", Witten: SCM Brockhaus, 2010, S. 54, Übersetzung: Friedhilde Horn.
5   William C. Taylor, „Permission Marketing", Fast Company, 31. März 1998, http://www.fastcompany.com/magazine/14/permission. html. Siehe auch: Lonny Kocina, „The Average American Is Exposed to …" Publicity.com, http://www.publicity.com/articles/the-average-american-is-exposed-to-/.
6   John Ortberg, „Ich – einzigartich", Asslar: Gerth Medien, 2010, S. 183, Übersetzung: Jokim Schnöbbe.
7   Ebd., S. 180.
8   Nouwen, „Gottes Clown sein", S. 91.

Kapitel Zwölf: Zufriedenheit der Seele

1   Steven Furtick, „Real Courage", Steven Furtick, 13. Januar 2011, http://www.stevenfurtick.com/spiritual-growth/real-courage/.
2   C. S. Lewis, „Pardon – ich bin Christ", S. 109.
3   Ortberg, „Ich – einzigartich", S. 334.

R. Paul Stevens/Alvin Ung

Die 9 Todsünden im Job

208 Seiten, Paperback
ISBN 978-3-7655-1556-9

Die meiste Zeit unseres Lebens – abgesehen vom Schlafen – verbringen wir Menschen bei der Arbeit. Das Leben mit Gott aber „vertagen" wir im Stress häufig aufs Wochenende oder auf die Zeit nach dem Stress (die nie kommt).

Eines Abends beschlossen die beiden Autoren bei einem guten Essen, nicht länger Arbeit und Glaubensleben zu trennen. In der Folge machten sie die Erfahrung: Nicht der Stress und andere wenig angenehme Faktoren am Arbeitsplatz hinderten sie daran, bei der Arbeit im Glauben zu wachsen, sondern innere Dinge wie Neid, Habgier, Zorn usw. Die Autoren nennen sie kreativ die „neun Todsünden am Arbeitsplatz".

Sie zeigen, wie diese mit Gottes Hilfe zu überwinden sind und was an ihre Stelle treten kann. Denn sie haben erlebt, dass es geht: Bewusst in der Gegenwart Gottes zu arbeiten und sich von ihm inspirieren und bewegen zu lassen. Kurz gesagt: Bei der Arbeit im Glauben zu wachsen.

BRUNNEN VERLAG GIESSEN
www.brunnen-verlag.de

Brennan Manning/Jim Hancock

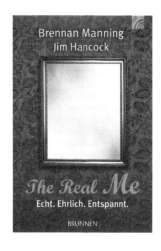

The Real Me

Echt. Ehrlich. Entspannt.

208 Seiten, Paperback
ISBN 978-3-7655-1522-4

Brennan Manning wirbt dafür, authentisch zu werden. Die Maske abzulegen und nicht mehr eine Person vorzuspielen, die man nicht ist. Oft meinen auch Christen, sie müssten fehlerlos sein oder zumindest nach außen so wirken. Sie setzen sich unter Druck, quälen sich mit Selbstvorwürfen und urteilen auch hart über andere. Brennan Manning erzählt aus seinem eigenen Leben, von seinen Träumen und Ängsten. Von seinem jahrzehntelangen Versuch, andere nicht sehen zu lassen, wie es in ihm aussah. Er beschreibt, wie das geht: Gott als liebenden Vater kennenlernen und alte Denkmuster aufgeben. Sich nicht länger selbst hassen, sondern sich als Kind des Vaters entspannen und echt werden.

Zusammen mit Jim Hancock hat er sein Buch „Kind in seinen Armen" für junge Erwachsene neu geschrieben.

BRUNNEN VERLAG GIESSEN
www.brunnen-verlag.de